Eugen Drewermann

Wer hat, dem wird gegeben

Eugen Drewermann

Wer hat, dem wird gegeben

Die Gleichnisse Jesu

Gespräche mit Richard Schneider

Patmos

Bibliografische Information der Deutschen Nationalbibliothek

Die Deutsche Nationalbibliothek verzeichnet diese Publikation in der Deutschen Nationalbibliografie; detaillierte bibliografische Daten sind im Internet über http://dnb.d-nb.de abrufbar.

Printed in Germany
ISBN 978-3-491-21004-2
www.patmos.de

Inhalt

Ernst Barlach, *Lehrender Christus*, 1931

Vorwort

Im Hamburger Ernst-Barlach-Haus befindet sich die Skulptur *Lehrender Christus*, ein Spätwerk des Künstlers, geschaffen im Jahre 1931. Der Bronzeguss zeigt eine blockhafte Gestalt, den majestätisch thronenden Sohn Gottes, wie einer byzantinischen Apsisdarstellung entlehnt. Das Gesicht ist von strengem, gleichmäßig unterteiltem Haupt- und Barthaar umrahmt, der Kopf mit dem leicht geöffneten Mund auf imaginäre Zuhörer gerichtet. Während die Oberarme eng am Körper anliegen, zeigen die auf den Oberschenkeln ruhenden Unterarme mit den offenen Händen nach außen. Durch den Handgestus werden die Worte Jesu sinnbildlich an die Menschen ausgeteilt, an Gute und Böse, an Reiche und Arme, an seine Jünger ebenso wie an seine Widersacher, die Schriftgelehrten und Pharisäer.

Der Bildhauer, Graphiker und Dichter Ernst Barlach beschäftigte sich in seinem Werk immer wieder mit biblischen Motiven, und in vielen seiner Skulpturen und Zeichnungen stellte er den sinnenden und zweifelnden, den suchenden und verlassenen, den unbehausten und leidenden Menschen dar. Barlach gehörte zu jenen Künstlern, denen es in unheilvoller Zeit um die Bewahrung humanistischer Werte ging. Sein Fühlen und Denken war geprägt durch *Mitmenschlichkeit.* In einem Brief schrieb Barlach, er wolle plastisch ausdrücken, was an Elementarem in der einzelnen Person vorhanden sei, »ihren Erbteil an Seele, ihren Gehalt an Mythischem«. Und: Das Phänomen Mensch sei »auf quälende Art von jeher als unheimliches Rätselwesen« vor ihm aufgestiegen.

Jesus lehrte die Menschen »vieles in Gleichnissen«, so heißt es wörtlich bei Markus – doch nicht wenige dieser Gleichnisreden wirkten schon auf die Zeitgenossen rätselhaft. Als Jesus einer großen Menge das Beispiel vom Sämann erzählt hatte und seine Jünger meinten, nachfragen zu müssen, rüffelte er sie mit den Worten: »Versteht ihr dies Gleichnis nicht, wie wollt ihr dann die andern alle verstehen?« Für den heutigen Hörer oder Leser der biblischen Gleichnisse ist womöglich noch einiges mehr unverständlich und befremdlicher als für das Volk, das damals herbeieilte, um Jesus am See Genezareth oder an anderen Orten zu hören.

Für mich selber gibt es in vielen Gleichnissen »Stolpersteine«, die ganz spontan Fragen aufkommen lassen und zum Widerspruch reizen, zum Beispiel bei dem Gleichnis von den Arbeitern im Weinberg oder bei dem von den anvertrauten Talenten. Muss man nicht im Handeln des Weinbergbesitzers eine krasse Ungerechtigkeit sehen? Es kann doch nicht sein, dass am Abend alle denselben Lohn bekommen, obwohl die einen die Hitze des ganzen Tages ertragen mussten, während andere erst am späten Nachmittag mit der Arbeit begannen. Und dann die Undankbarkeit und Willkür des Herrn, der für eine Weile außer Landes ging und den Knechten sein Vermögen anvertraute! Wie zum Hohn trifft er am Ende die Feststellung: »Wer hat, dem wird gegeben; wer aber nicht hat, dem wird auch noch genommen.«

Niedergeschrieben sind die Gleichnisreden Jesu bei den *Synoptikern*, also bei Markus, Matthäus und Lukas. Und gerade, weil man meint, mit diesen Erzählungen vertraut zu sein, muss man sie ganz genau lesen, Satz für Satz, Wort für Wort. An Hand von 15 ausgewählten Beispielen werden in diesem Buch bekannte und weniger bekannte Gleichnisse gedeutet, vielfach in ungewöhnlicher und überraschender Weise. Zu Beginn jedes Kapitels wird das Gleichnis im Wortlaut wiedergegeben, gemäß dem Bibeltext in der revidierten Fassung von 1984 nach der Übersetzung Martin Luthers. Aufgezeichnet wurden die Gespräche mit Eugen Drewermann im März 2008 in Paderborn.

Richard Schneider

Einführung

Die ganze Art, in welcher Jesus lehrte, lässt sich am einfachsten damit beschreiben, dass er in seinem Tun den Menschen seiner Zeit und aller Zeit zum Gleichnis wurde und dass er als bestes Mittel, sich auszudrücken, die Gleichnisrede wählte. Für gewöhnlich gilt, dass Gleichnisse erzählt werden, um etwas zu verdeutlichen. Selbst Luther sagt noch: »Damit man es gut versteht!« Die Wahrheit ist, dass Jesus Gleichnisse benötigt, um etwas mitzuteilen, das wie von einer anderen Welt in unsere Wirklichkeit hineingesprochen wird. Der ganze Inhalt der Verkündigung Jesu ist die Ankunft dessen, was er das *Königtum der Himmel* oder das *Königtum Gottes* nennt. Wie verändert sich unser Herz, wie unser Handeln, wenn wir beginnen, Gott in unser Leben einzulassen! Für Jesus ist die Vorstellung von Gott grundverschieden von dem, was in den Theologenkreisen seiner Zeit und aller Kirchen üblich ist: Gott gilt da für gerecht, das heißt: er belohnt das Gute, bestraft das Böse, und er tut es in klarer Trennung wie zwischen schwarz und weiß und hell und dunkel. Das Problem Jesu wird von Anfang an darin bestehen, dass unzählige Menschen, die verzweifelt sind und wie verloren, mit dieser Art von Gott zu denken und zu sprechen, nicht zurande kommen. Sie hören bei den Predigten der Fachtheologen nur wieder die Bestätigung ihrer eigenen Verurteilung. Sie fühlen sich sehr depressiv, wenn sie das hören, niedergedrückt, ausgegrenzt; sie haben nicht Teil an den Anständigen und Ordentlichen, die da stehen mit erhobenem oder ausgestrecktem Zeigefinger oder schon mit der geballten Faust. Die Erfahrung Jesu lautet: Man hat überhaupt kein Recht, über Menschen zu urteilen, am wenigsten sie zu verurteilen. Wer Menschen wirklich helfen will, wie Gott es möchte, muss ihnen nachgehen, sie zu verstehen versuchen, sie bei der Hand nehmen und zurückgeleiten. Im Grunde ist es nur das, was Jesus mitteilen möchte, und er bedient sich einer Sprache, die sich unterscheidet von der Art, wie Theologen als Gesetzeslehrer und als Bibelinterpreten reden oder sich als Kirchenideologen betätigen. Wenn man einen beamteten Theologen an einen heiligen Text heran lässt, wird er dogmatische Zäune ziehen und sich und aller Welt beweisen, dass die tradierte Vorstellung des Religiösen in seiner Kultur, in seiner Überlieferung, in seinem Kirchenhorizont die einzig wahre und richtige ist. Mit einem Wort: Es wird aus dem, was Gott zu sagen hat, ein Kampfbuch zur Selbstdurchsetzung und zur Selbstrechtfertigung machen. Die Religionen stehen, so betrachtet, in Konkurrenz gegeneinander und nehmen die Richtigkeit der Lehre für sich in Anspruch. In Wirklichkeit weiß jeder, dass Gott der Vater aller Menschen ist und dass der Himmel so weit ist wie für die Vögel und die Wolken. Es ist nicht möglich, den Himmel einzuzäunen; wir auf Erden aber treiben theologisch diesen Unfug. Das kommt daher, dass wir uns in den Stand setzen, begrifflich ganz genau zu wissen und rational formulieren zu können, womit wir es zu tun haben, wenn wir von Gott sprechen. Jesus fängt damit gar nicht erst an, und das zeigt sich in seinen Gleichnisreden.

Jesus verwendet die Sprache der Dichtung. Wenn man einem Dichter zuhört, findet man Erlebnisse und Erfahrungen geschildert, die das Herz berühren und Gemeinsamkeit beschwören. Jeder wird verstehen, wenn er Tolstois *Anna Karenina* liest, was im Herzen einer Frau sich begibt, die ihren Mann wie versteinert, wie vereist erlebt in seiner Rechtschaffenheit, die sich wie erstickt fühlt unter dem Korsett seiner staatlich und kirchlich verordneten Korrektheiten. Jemand, der Fontanes *Effi Briest* liest, wird begreifen, dass eine Frau sich zutiefst verunsichert fühlt an der Seite eines Mannes, der in seiner sadistischen Strenge für Liebe überhaupt keinen Raum lässt. Und es ist mit einem Mal egal, ob eine Geschichte im zaristischen Russland oder im preußischen Deutschland zu Papier gebracht wird. Die Konflikte, von denen Geschichten dieser Art handeln, betreffen jeden, sie sind unabhängig von der Zeit und von nationalen Grenzen. Von der Art sind die Gleichnisse Jesu: Sie grenzen nicht aus, sondern sie laden ein; sie erweitern den Raum des Verstehbaren, und sie führen zusammen zu einer universalen Humanität. Gott ist nicht mehr das Privateigentum einer bestimmten Religion, Konfession, Nation; die ganze Verwechslung Gottes mit bestimmten Gruppen sprengt sich auf, indem Jesus die Sprache der Dichter redet. Dafür als allererstes stehen die Gleichnisse. – Ein Unterschied freilich ist, dass Jesus nicht als Dichter in unserem heutigen Sinn redet. Er treibt nicht Literatur, er bezieht kein Verlagshonorar für nette Erzählungen; er formt die Gleichnisse in der Art, wie Propheten in der Bibel auftreten, und er nimmt das, was er sagt, in seiner Existenz so ernst, dass es augenblicklich wirkt.

Viele Gleichnisse erzählt Jesus, um Missverständnissen zu begegnen oder um sich gegen Anfeindungen und Verleumdungen zu verteidigen, die ihm auf Leben und Tod gemacht werden. Man muss insofern hinter den Gleichnissen Jesu immer wieder die Person Jesu sehen, die den Menschen ein Rätsel und eine Herausforderung ist. So betrachtet sind Gleichnisse Geschichten, die zwei ganz verschiedene Ebenen berühren. Sie erzählen sich an den Gestaden der Ewigkeit. Noch stehen wir am Ufersaum des Unendlichen. Aber die Rede geht von einer Botschaft jenseits des Meeres, die alles verändert; es bricht auf einmal Freiheit an, wo bisher nur Zwang war. Plötzlich erkennt man, dass man ohne die Gnade Gottes, ohne Vergebung, überhaupt nicht existieren kann. Das verkörpert Jesus in seiner Art, Umgang zu pflegen mit den Ausgestoßenen und Verachteten. Es sind die Pharisäer, die fast immer in der Korrektheit ihrer Gesetzeserfüllung die Grenzen ziehen. Und sie sind oft genug – direkt und indirekt – die Adressaten der Geschichten Jesu, wenn er Partei ergreift für die Gegengruppen. Zöllner sind das zum Beispiel, Menschen, die in den Tagen Jesu die Schmiermasse der römischen Verwaltungspraxis in Palästina bilden und deshalb als unpatriotische Verräter betrachtet werden; Huren und Bettler sind das, mit denen Jesus sich an einen Tisch setzt und ihnen zusichert, dass sie schon aus ihrer Bedürftigkeit heraus in vielem Gott leichter und eher zu begreifen vermögen als die Priester, die formalistisch ihren Ritualdienst versehen. Die Art, wie Jesus in seinen oft provozierenden Aktionen auftritt, und die Gleichnisse, die er erzählt, bilden zwischen Tat und Wort eine Erlebniseinheit. Mit einem Satz: Man muss die Gleichnisse immer wieder interpretieren im Verhältnis zu der Art, wie Jesus selber wirkt, und von seinem Wirken her kann man sehr gut erklären, wie er denkt und wie er sich in den Gleichnissen mitteilt.

Die Themen, die in den Gleichnissen behandelt werden, konzentrieren sich auf mindestens zwei Punkte. Das eine ist die Dringlichkeit der Botschaft Jesu. Wir haben uns angewöhnt im Christentum, behäbig zu sein. Zweitausend Jahre ist es nun her, dass Jesus seine Geschichten vorgetragen hat, und die Astronomen sagen, es kann mit unserem Zentralgestirn, der Sonne, noch über fünf Milliarden Jahre weitergehen. Wahrscheinlich gibt es dann keine Menschen mehr, aber nichts ist dringlich. Ganz anders ist die Perspektive derer, die am Boden liegen. Ein Bettler am Straßenrand kann nicht darauf warten, dass ihm jemand etwas gibt oder nicht; er braucht es jetzt, in dieser Stunde. Und aus dieser Sicht heraus, aus der Perspektive der Bedürftigen, erzählt Jesus, dass Gottes Reich nicht warten kann. Güte, Menschlichkeit, Barmherzigkeit – all das darf überhaupt nicht warten. Und selbst wer sich einredet, dass die Menschheit noch eine lange und großartige Zukunft hat, muss gewärtig sein, dass er noch heute Nacht sterben kann. Wir haben überhaupt nicht Zeit, und vor allem: Wir sollten mit den Ausreden aufhören! Drohend beinahe spricht Jesus davon, dass das Gericht Gottes kommt, die wahre Prüfung unserer Lebensführung. Das duldet keinen Aufschub. Es liegt in allen Gleichnissen Jesu ein unerhörter Entscheidungsernst und eine Unbedingtheit: entweder oder, jetzt oder nie!

Das zweite ist das Thema, entlang dessen die Dringlichkeit sich formuliert. Es geht darum, begreifbar zu machen, dass wir überhaupt nicht leben können ohne die Voraussetzung einer vergebenden Güte und Gnade. Das sprengt eben jene Vorstellung auf, sich Gott als einen gerechten Richter vorzustellen. Und es wird das Thema in den

Gleichnissen sein, wie wir uns denn die »Gerechtigkeit Gottes« denken müssen, wenn sie nicht im juristischen Sinne »gerecht« ist. Martin Luther sagte einmal: »Juristen können keine Christen sein.« Das brachte es in etwa auf den Punkt. Wenn wir versuchen, Gott in Begriffe der bürgerlichen Gesetzgebung unterzubringen, werden wir genau die Verstehensschwierigkeiten haben und die skandalösen Herausforderungen erleben, die in den Gleichnissen Jesu enthalten sind. Es geht immer wieder um die notwendige Vergebung, nicht um Strafe. Die Frage ist für Jesus nie, wie oft wir im rituellen Sinn getan haben, was die Priesterkaste von uns wollte, oder wie getreulich wir uns an bestimmte Vorschriften gehalten haben. Die Frage ist, wie viel Mut wir hatten, unserem eigenen Herzen zu folgen. Insofern sind Gleichnisse einfach Bilder eines Verständnisses, das neue Überzeugungen schafft; wenn man so will, sind sie Schiffshebewerke: Unser Leben verläuft auf einer bestimmten Talstufe und führt geradeaus bis zu einem Punkt, wo es nicht mehr weitergeht. Dies ist eine Krise. An dieser Stelle fährt das Schiff in ein Schleusentor hinein, und es hebt sich das Niveau der Wasserführung. Von da an geht es wieder weiter, in derselben Richtung, aber dazwischen ist eine Staustufe von vielleicht zehn oder fünfzehn Metern. So ähnlich wirken die Gleichnisse: wie Schiffshebewerke, die uns an der Stelle, wo unser Leben in eine Krise hineinführt, auf einem höheren Niveau die Dinge zu betrachten geben und die uns dann eine Freiheit und eine Offenheit gewähren, in der das Leben erneuert, verändert wird, auf einem energetisch verdichteten Niveau seine Fortsetzung finden kann. Die Veränderung, die stattfindet, ist keine bloß intellektuelle, sondern im Wesentlichen eine, die emotional zustande kommen muss. Wie überwinden wir in unserem Leben Angst und Hass, Aggressionen und Rachegedanken, Überheblichkeit oder Minderwertigkeitsgefühle?

Auf all diese Fragen versuchen die Gleichnisse eine Antwort zu geben. Um sie richtig zu verstehen, müssen wir uns vor allem hineinversetzen in die Personen, von denen berichtet wird. Wie fühlen sie? Was geht in ihnen vor? Gleichnisse kann man nicht anders lesen als jede Art von guter Dichtung. Da werden Menschen vorgestellt, die wir begreifen, indem wir uns in sie hineindenken. Da die Gleichnisse Bilder sind, könnte man sie unmittelbar in Bezug setzen zu den Bildern, die wir in den Träumen nachts selber erleben. Man kann das Träumen als eine authentische Form der Dichtung unseres Lebens betrachten, verknüpft oft mit Erinnerungen an die Kindheit, an frühere Erlebnisse. Die Träume sind eine Botschaft des Unbewussten an unser Bewusstsein. Dichtung, Gleichnisrede, versucht es eigentlich umgekehrt: Sie nimmt Szenen aus dem Bewusstsein, um einzudringen in die tieferen Schichten unserer Seele, um das Unbewusste selber zu verändern, – eine Poesie, die Gefühle so anspricht, dass die Logik des »Schiffshebewerks« stattfinden kann. Es ist, wie wenn man ein Kind, das auf der Straße sitzt und weint, in die Arme nimmt. Hoffnung kann plötzlich an die Stelle der Traurigkeit treten, Gemeinsamkeit an die Stelle der Einsamkeit, Zugehörigkeit an die Stelle der Verlorenheit.

Ein »Problem« kann darin liegen, dass es natürlich keine Tonbandmitschnitte der Reden Jesu gibt, die wir aus dem Aramäischen nur übersetzen müssten. Es liegt zwischen dem, was Jesus einmal sagte, und dem, was im Neuen Testament steht, eine oft sehr vielschichtige Fortentwicklung, verschiedene Stufen der Niederschriften und der Weiterinterpretation.

Gleichnisse, die Jesus erzählt, sind in gewissem Sinne einfach. Das heißt, es sind Geschichten, die die beiden Seiten – Meer und Festland, Himmel und Erde – zusammenführen in einem einzigen vergleichbaren Punkt. Den herauszufinden ist das Wesentliche bei der Deutung eines Gleichnisses. Man muss den »springenden Punkt« finden, an dem die Erzählung auf die andere Ebene des Schiffshebewerks sich hinaufhebt. Und nur auf diesen einen Punkt kommt es an. Die ganze Geschichte zielt auf das eine Vergleichsmoment, das wirklich gemeint ist. Viele Fragen – und auch Missverständnisse – ergeben sich daraus, dass einem Hörer oder Leser dieser »springende Punkt« nicht immer ohne Weiteres klar ist. Das kann mit daran liegen, dass schon im Stadium der mündlichen Überlieferung der

Worte Jesu sehr unterschiedliche Erzählanlässe gegeben waren. Die ursprüngliche Hörerschaft Jesu hatte gewechselt; man hat seine Geschichten ins Griechische übersetzt, in einen ganz anderen Kulturraum; man musste reden mit ganz anderen Leuten; man hatte ganz andere Intentionen, die Geschichten zu erzählen. Dadurch verschieben sich mitunter die Akzente. Es wird aus den Gleichnissen, literarisch korrekt gesprochen: aus den Parabeln, die Jesus erzählt hat, das, was man *Allegorien* nennt. Allegorien sind Geschichten, die nicht mehr einen Vergleichspunkt haben, sondern in denen jedes Erzählmoment etwas anderes sagt, als den Worten nach dasteht. Allegorien sind im Grunde nur verstehbar, wenn man eine Geschichte als ganze vor sich hat, wenn man sie in Ruhe lesen kann – und dann begreift: Der Handlungsablauf selber macht durch seine Unlogik, durch seine Ungereimtheiten deutlich, dass man das Ganze nur erfassen kann, wenn man es Stelle für Stelle auf eine andere Ebene transponiert. Allegorien arbeiten in aller Regel auch mit Schriftzitaten; sie verwenden Bilder, die in der prophetischen und dichterischen Überlieferung der Bibel enthalten sind.

Am einfachsten zugänglich sind freilich die Gleichnisse im eigentlichen Sinne, die *Parabeln.* Von ihnen darf man behaupten: Sie sind Menschheitsgut. Man hört sie einmal – und man vergisst sie nie mehr. Es sind die Geschichten von einfachen Leuten, die in der Wohnstube eine verlorene Drachme suchen; Geschichten von einer Frau, die Mehl nimmt und den Sauerteig darunter mischt, von einem Hirten, der auf die Suche nach einem verirrten Schaf geht. Es sind Geschichten, die im Kolorit von vor zweitausend Jahren in Palästina spielen. Manche meinen, dass diese Landschaft heute noch so etwas wie das »fünfte Evangelium« sei, weil man all das zum Teil noch beobachten kann, was Jesus und den Menschen seiner Zeit gegenwärtig war, als diese Geschichten erfunden und erzählt wurden. Gleichwohl ist das Kolorit wie bei jeder guten Dichtung ein schönes Moment der Vorstellung, aber im Grunde nicht das Wesentliche. Man kann das Gesagte unmittelbar in einen ganz anderen Kulturraum transponieren, und nur so war es ja möglich, dass man die

Geschichten aus Palästina in Athen und im alten Rom erzählen konnte. Natürlich kann man sie heute in Berlin, in Paderborn oder in Trier erzählen. Diese Geschichten heben Raum und Zeit auf. Es ist eine Sprache für die Seele, die zu allen Zeiten auf der Suche ist nach Gott.

Eugen Drewermann

Vom Sämann

Markus 4,1-20

1 Und er fing abermals an, am See zu lehren. Und es versammelte sich
eine sehr große Menge bei ihm, so dass er in ein Boot steigen musste,
das im Wasser lag; er setzte sich, und alles Volk stand auf dem Lande
am See. 2 Und er lehrte sie vieles in Gleichnissen; und in seiner Predigt
sprach er zu ihnen: 3 Hört zu! Siehe, es ging ein Sämann aus, zu säen.
4 Und es begab sich, indem er säte, dass einiges auf den Weg fiel; da
kamen die Vögel und fraßen's auf. 5 Einiges fiel auf felsigen Boden, wo
es nicht viel Erde hatte, und ging alsbald auf, weil es keine tiefe Erde
hatte. 6 Als nun die Sonne aufging, verwelkte es, und weil es keine Wurzel hatte, verdorrte es. 7 Und einiges fiel unter die Dornen, und die Dornen wuchsen empor und erstickten's, und es brachte keine Frucht. 8 Und
einiges fiel auf gutes Land, ging auf und wuchs und brachte Frucht, und
einiges trug dreißigfach und einiges sechzigfach und einiges hundertfach. 9 Und er sprach: Wer Ohren hat zu hören, der höre! 10 Und als er
allein war, fragten ihn, die um ihn waren, samt den Zwölfen, nach den
Gleichnissen. 11 Und er sprach zu ihnen: Euch ist das Geheimnis des
Reiches Gottes gegeben; denen aber draußen widerfährt es alles in
Gleichnissen, 12 damit sie es mit sehenden Augen sehen und doch nicht
erkennen, und mit hörenden Ohren hören und doch nicht verstehen,
damit sie sich nicht etwa bekehren und ihnen vergeben werde. 13 Und er
sprach zu ihnen: Versteht ihr dies Gleichnis nicht, wie wollt ihr dann die

andern alle verstehen? [14] Der Sämann sät das Wort. [15] Das aber sind die
auf dem Wege: wenn das Wort gesät wird und sie es gehört haben,
kommt sogleich der Satan und nimmt das Wort weg, das in sie gesät
war. [16] Desgleichen auch die, bei denen auf felsigen Boden gesät ist:
wenn sie das Wort gehört haben, nehmen sie es sogleich mit Freuden
auf, [17] aber sie haben keine Wurzel in sich, sondern sind wetterwen-
disch; wenn sich Bedrängnis oder Verfolgung um des Wortes willen
erhebt, so fallen sie sogleich ab. [18] Und andere sind die, bei denen unter
die Dornen gesät ist: die hören das Wort, [19] und die Sorgen der Welt und
der betrügerische Reichtum und die Begierden nach allem andern drin-
gen ein und ersticken das Wort, und es bleibt ohne Frucht. [20] Diese aber
sind's, bei denen auf gutes Land gesät ist: die hören das Wort und neh-
men's an und bringen Frucht, einige dreißigfach und einige sechzigfach
und einige hundertfach.

Herr Drewermann, am Ende seiner Erzählung vom Sämann sagt Jesus: »Wer Ohren hat zu hören, der höre!« Dann fragen ihn die Jünger nach seiner Redeweise und warum er überhaupt in Gleichnissen spricht. Und was Jesus antwortet, scheint mir auch nicht ganz plausibel zu sein: Der Sinn von Gleichnissen, denke ich, liegt doch nicht darin, zu hören und nicht zu hören, sondern zu hören – und zu verstehen.

Ich bin froh, dass Sie die Frage so stellen, denn den meisten Lesern wird es so oder ähnlich gehen. Es ist verwirrend, weil über ein einfach erzähltes Gleichnis Jesu schon in der frühen Gemeinde eine eigene Auslegung geschrieben wurde, mit eigenen Akzentsetzungen, und dazwischen noch Markus seine eigene Theologie befördert hat.

Beginnen wir mal mit dem Gleichnis, wie es sich einfach verstehen lässt, und fragen wir uns, für wen eine solche Geschichte hilfreich sein kann. Man hat angenommen, die ursprüngliche Situation nach dem Aufbruch Jesu und seines öffentlichen Wirkens in Galiläa – nach dem großen Zustrom und der Zustimmung, die seine Worte fanden –, dass da die Kontrollsysteme der Pharisäer und die Diffamierung seines Wirkens durch die Schriftgelehrten das Volk eingeschüchtert und verschreckt haben könnten, so dass es wieder auseinander zu laufen begann. In dieser Situation haben vielleicht die Jünger sich gefragt, wie es denn jetzt weitergehen soll. Und Jesus hätte dann diese Geschichte vom Sämann erzählt. Nahe läge es zu denken, Jesus wolle die Jünger trösten, indem er sagt: »Was ich hier tue, was wir versuchen, ist, das Wort Gottes weiterzugeben an die Menschen, und Gott wird niemals scheitern.« Er handelt wie ein Landmann, der natürlich damit rechnen muss, dass es jede Art von Ausfällen geben kann durch die Beschaffenheit des Ackers, durch

Leute, die über die Wege laufen, durch Vögel, die kommen und Saatgut auffressen. Im Prinzip aber wird kein Bauer etwas aussäen, ohne dass er die Gewissheit haben kann, dass sich die Mühe lohnen wird. Und so ist es bei uns: Wir sollten nicht schauen auf das, was weggenommen und scheinbar zu einem Misserfolg wird; wir sollten unser Vertrauen auf Gott setzen, bei dem die Ernte immer groß sein wird. Ein Gedanke, der auch beim Propheten Jesaja schon einmal auftaucht: Gott wird es nicht regnen lassen, ohne dass sein Wort Ertrag bringt. So wie der Regen die Erde durchfeuchtet und dann Fruchtbarkeit schenkt, so macht Gott es mit dem Herzen des Menschen. – Bei dieser Deutung verbleiben wir noch in einem engen, historisch gebundenen Raum. Die dichterische Aussagekraft dieser Geschichten aber ist viel weiter als die konkrete Nutzanwendung. Sie richtet sich nicht nur an Menschen, die traurig werden, weil sie an der Seite Jesu Einbußen, Rückschläge, Scheitern fürchten müssen. Es ist eine Geschichte, die jeden von uns betrifft, der mit seinen Planungen und Zielsetzungen nicht zurande kommt. Viele haben etwas versucht, aber sie haben eigentlich nie erlebt, dass etwas Gutes dabei herauskommt…

… so wie ein Landmann, der hofft, dass die Saat aufgeht und der auf eine gute Ernte angewiesen ist.

Ja, und dann muss man sich vorstellen, wie er wirklich hinter jedem herlaufen möchte, der da querfeldein über seinen Acker trampelt, wie er die Spatzen vertreiben will, die sich über das Saatgut hermachen, wie er am liebsten das Unkraut ausreißen würde, das diese Saat zu überwachsen droht. Und so ist es immer, so geht es überall. Das Geschick dieser Erzählung besteht darin, dass Jesus zur Bewältigung der Sorgen und Mühen und der Angst vor Misserfolg Worte und Bilder zur Verfügung stellt, bei denen die Hörer sagen können: Genau so empfinde ich; ja, das ist mein Eindruck, so ist es! Und ganz entscheidend kommt dann ein Trost, der auf der menschlichen Ebene eigentlich nicht liegt, denn das Versprechen Jesu lautet nicht, gewissermaßen der amerikanischen Lebensphilosophie entsprechend: Du musst dich nur anstrengen, du musst durchhalten, du schaffst es schon! Jesus redet von Gott, um zu sagen: Bei ihm ist niemals etwas verloren. Und wenn es doch Gott ist, der das Leben der Menschen wie seine eigene Saat ausgestreut hat, dann liegt es auch bei ihm, wie es weitergehen wird. Er würde euch nie geschaffen haben, wenn er nicht wüsste, dass es sich lohnt. Gott kann nicht scheitern, und ihr solltet deshalb nie euer Leben selber für sinnlos erklären. Legt es in die Hände Gottes!

So wäre der Sinn dieses Gleichnisses einmal gewesen, und so ließe er sich in unsere Situation übertragen. Stellen Sie sich psychotherapeutische Gespräche vor, in denen Menschen ihre Situation einfach schildern, wie sie Schwierigkeiten haben mit ihren Kindern, wie sie sich schwer tun mit ihrem Mann, mit ihrer Frau, wie sie im Beruf fürchten müssen, entlassen zu werden, wie sie Angst davor haben, dass sie nach dem letzten Krankenbesuch beim Arzt in die Frühinvalidität geraten. Kurz, es wird immer enger, und die Zukunft erscheint wie ein Tunnel, der überhaupt nicht enden will. Allein schon, dass man das alles aussprechen kann, dass man die eigene Angst in Worte kleiden kann, ist ein riesiger Trost. Und so tut Jesus das im Gleichnis vom Sämann, und so arbeiten diese Gleichnisse eigentlich immer: Sie beschreiben etwas, das auf Erden in eine Krise gerät, und eine Lösung dafür ergibt sich, wenn man die normalen Handlungsgewohnheiten des Menschen in eine ganz andere Wirklichkeit hinein transportiert.

Insofern scheint dieses Gleichnis für das Verständnis ja auch keine besonderen Probleme zu machen. Und die Jünger, die Jesus zugehört haben, bekunden ja auch nicht, dass sie das Gleichnis nicht verstanden hätten. Jesus aber tut so, als wenn die Jünger etwas begriffsstutzig seien, und sagt zu ihnen: Wenn ihr dieses Gleichnis schon nicht versteht, wie wollt ihr denn erst die anderen verstehen? Und dann legt Jesus das Gleichnis selber aus, obwohl doch eigentlich nichts mehr verdeutlicht werden muss.

Man hat es nicht zu tun mit der Wiedergabe einer historischen Situation im Leben Jesu, sondern die Frage war schon auf der Ebene der mündlichen Tradition in der frühen Gemeinde, was man mit dem Gleichnis Jesu anfängt. Man sah darin nicht mehr eine prophetische Rede, sondern es gab jetzt Gemeindevorsteher, Leute, die aus dem Wort Jesu so etwas machten wie eine gute Sache bei der Sonntagspredigt. Sie stellten sich vor, dass Jesus vielleicht gemeint haben könnte, dass die Menschen eben sehr unterschiedlich sind. Das Gleichnis war einmal ganz und gar umgreifend gemeint, als Trost und Zuspruch für alle. Jetzt, in der frühen Gemeinde, wird daraus etwas ganz anderes: Stellt euch mal vor, ihr wäret Saatgut, das auf steinigen Boden fällt. Es gibt Leute, die von einer Sache am Anfang ganz begeistert sind, und sie machen sofort riesige Fortschritte, aber sie haben keine Substanz, keine Tiefe, sie haben keinen Atem, keine Ausdauer. So was kennen wir, und jetzt hört zu: Das ist eine Gefahr. Ihr schädigt Gott und ihr vertut euch selber, wenn ihr so bleibt.

Es gibt Menschen, die möchten Christen sein und Jesus nachfolgen. Aber sie haben ganz andere Dinge im Sinn, und die überwuchern dieses Streben. Sie denken an Erfolg, an Karriere, an Veräußerlichungen aller Art. Und das erstickt die Seele des Menschen; es geht am Ende Gott verloren. – Wieder andere gibt es, die zertrampelt werden. Immer wieder gibt es Leute, die scheinbar mächtiger sind und andere in die Erde stampfen, so dass diese nicht mehr hochkommen. – Über andere kommt ein Vogelschwarm daher, gierig und mit lauter unnützen Gedanken. Es ist wie ein Diebstahl. Auch das entspricht ja dem Lebensgefühl vieler Menschen: Ich würde gerne mögen, dass ich ehrlich fühle und denke, aber es wird mir immer weggenommen, – ein Leben, das so verwaltet wurde, dass es nie zu sich selber gekommen ist. Wir sprechen dann in der Psychologie von Entfremdung. So etwas kann in dem Vogeldiebstahl sich andeuten.

So wird aus dem, was einmal ein Gleichnis, eine Parabel, war, jetzt das, was man eine Allegorie nennt. Mit Mal hat jeder einzelne Erzählzug eine besondere Bedeutung und lässt sich eins zu eins übertragen. Man kann sich ein *Gleichnis* so vorstellen, dass jemand auf ein Fünf-Meter-Brett steigt, hinauf bis zum Sprungbrett, von dem er ins Wasser springt: ein einziger Punkt, der den Absprung zwischen Himmel und Erde markiert. In der *Allegorie* hingegen wird an der Bordwand eines Schiffes eine Art Strickleiter aufgehängt, und man muss jetzt jede Sprosse einzeln ergreifen, um weiterzukommen. Jedes Detail der Erzählung lässt sich übertragen und bedeutet etwas Besonderes.

Aber ist das am Anfang auch so gemeint gewesen? Sie scheint mir in gewisser Weise willkürlich zu sein, diese rein allegorische Deutung, so eine Art Geheimlehre der professionellen Bibelexegeten.

Ja, so kann man das sagen. Aus etwas, das einmal als Zuspruch und Trost gemeint war, wird jetzt ein erhobener Zeigefinger für die Mitglieder der christlichen Gemeinde; man spricht von einer Paränese, einer Ermahnung, genauer gesagt: Aus einer Parabel wird jetzt eine allegorisierende Paränese. Das alles liegt dem Evangelisten bereits vor, und seine Frage ist jetzt: Wie bekomme ich das in einen vernünftigen Zusammenhang? Und da hat Markus vor Augen, wie es mit dem Leben Jesu weitergeht, bis man ihn ans Kreuz schlägt. Und man muss alles vom Ende her begründen. Was bedeutet es, wenn Jesus sagt: Gott kann nicht scheitern? Wie vereinbart sich das mit der Tatsache, dass Jesus in den Menschenaugen in furchtbarster Weise gescheitert ist? Das will Markus jetzt erklären. Und er sagt: Manche begreifen, was Jesus zu sagen hatte, aber wie die Menschen sind, sie wehren sich gegen das, was sie hören, sie wollen es nicht in ihr Herz einlassen. Weil sie es begreifen konnten und sich dagegen wehrten, wurde ihr Zustand nicht besser, sondern schlimmer. So wie es schon Jesaja ergangen war, siebenhundert Jahre zuvor. Der Mann bekam den Auftrag direkt von Gott, er sollte reden, dass das Herz der Menschen verfettet wird, die Augen verklebt und die Ohren verstopft werden, damit sie sehen und nicht sehen, hören und nicht hören – und damit im Grunde die eigene Schuld noch weiter anwachsen lassen. So ist es Jesaja ergangen, so ist es auch Jesus ergangen. Wenn es möglich ist, einen Menschen wie Jesus hinzurichten, stimmt nicht bloß irgendetwas in der Welt nicht, sondern es stimmt überhaupt nichts. Wenn es in der Ordnung der Dinge liegt, Jesus als Ruhestörer mundtot machen zu wollen, physisch ermorden zu wollen und am Ende noch sein Grab zu versiegeln, zeigt sich darin, wie unser eigenes Herz versiegelt ist, und es zeigt sich, wie abgestorben wir sind in uns selber.

Und diesen Sinn hat in den Augen des Markus die ganze Gleichnisrede. Dabei benutzt er die Tatsache, dass im Hebräischen das Wort für Gleichnis auch »Rätsel« heißen kann. Man müsste dementsprechend formulieren: Jesus redete in Gleichnis-Rätseln.

Um nochmal auf das Bild von der »allegorischen Strickleiter« zu kommen: Da bleibt ja die Frage der Übertragung – für mich jedenfalls. Was entspricht wem? Also: Die Aussaat wird durch den Sämann vorgenommen; man muss annehmen, dass es Weizenkörner sind, die er ausstreut. Die Weizenkörner fallen auf viererlei Boden: Ein Teil fällt auf den Weg, ein anderer Teil fällt auf Felsgestein, ein dritter Teil fällt unter die Dornen und anderes fällt auf gutes Ackerland. Der Samen steht für das Wort Gottes, doch nur ein Teil wird aufgenommen und verstanden, der größte Teil nicht. Andererseits: Der Sämann weiß, dass die Saat, die er ausstreut, doch überreich Frucht bringen wird, und zwar dreißigfach oder sechzigfach oder gar hundertfach, wie es heißt.

Es gibt in dem Gleichnis ursprünglich nur den einzigen Punkt: Trotz aller scheinbaren Misserfolge ist das Endresultat ein riesiger Gewinn. Nur das will Jesus sagen. Ob er das jetzt verdeutlicht mit Steinen, Unkraut, Feldwegen, Spatzen – ist völlig egal. Wenn aus der Parabel allerdings eine Allegorie wird, bekommt alles eine eigene Bedeutung: Jesus wird jetzt der Sämann, der als Saat das Wort Gottes aussendet; alle Verluste werden auf das Konto des Teufels gebucht. Und dann wird beschrieben, wie man sich das vorzustellen hat. Ich muss noch hinzufügen, dass in der Geschichte des Christentums in den ersten Jahrhunderten gerade die Allegorie sehr beliebt war. Man hat das

Alte und das Neue Testament, antike Schriften überhaupt, in dieser Weise sich anzueignen versucht. Der Mann, der das in großem Stil praktiziert hat, ist Philo von Alexandrien, ein jüdisch-hellenistischer Religionsphilosoph, gestorben um das Jahr 45, der darunter zu leiden begann, dass das Alte Testament sich lesen könnte wie eine Geschichte von Viehzüchtern, mit Erzählungen, die schon in die damalige Welt nicht mehr passten. Wenn man das nun aber allegorisch liest, gewinnt jedes Detail eine eigene, religiös wichtige Bedeutung. Entsprechend verfahren auch die griechischen wie hellenistischen Interpreten mit den Texten der eigenen Dichter, mit Homer beispielsweise. In ganz großem Stil finden wir, dass Ovid in den *Metamorphosen* die gesamten Mythen der griechisch-römischen Welt psychologisch interpretiert, und er tut das virtuos. So ähnlich arbeitet nun auch die frühe Kirche mit dem Wort Jesu und später die Vätertheologie mit dem Neuen Testament.

Nun ist auch die Gesellschaft von heute keine, die auf Ackerbau und Viehzucht basiert, und die Bilder von damals sind nicht die in den Köpfen der Menschen von heute. Also: Wenn jemand dieses Gleichnis liest, was – wir haben es gesagt – zunächst ja keine Verständigungsprobleme zu machen scheint, wie wäre denn jetzt die Umsetzung für den modernen Menschen, der nichts zu tun hat mit der Verfassung der Viehzüchter und der Ackerbauern im alten Palästina?

Es hat mit der Zeit zu tun, für die man die Bilder gebraucht hat. Es beginnt in der Neuzeit im 16. Jahrhundert mit dem Humanismus, dass man antike Texte philologisch und historisch genauer zu lesen beginnt. Martin Luther und die anderen Reformatoren wollten, dass man den ursprünglichen Sinn der Worte Jesu wieder entdeckt und von späteren Übermalungen frei macht. Spätestens seit Ende des 19. Jahrhunderts wird das in der Exegese zum Allgemeingut. Dass die Bilder selber einem bestimmten Lokalkolorit entstammen, muss nicht hinderlich sein. Ich selber habe noch in Erinnerung, wie in den 50er Jahren bereits, als im Ruhrgebiet noch der Bergbau florierte,

Leute versuchten, von der Landwirtschaft wegzukommen und den Industriearbeiter in den Blick zu nehmen, auch in der Seelsorge: Also dass man nicht Bienenwachskerzen auf den Altar stellte, sondern Grubenlampen; und dass man nicht betete um die Erträge der Feldfrucht, sondern um lohnenden Abbau der Kohle unter Tage. Natürlich könnte ich mir jetzt vorstellen, dass man »allegorisch« dem Bergmann sagt: Du machst zwar Kohle hier, im alten Stil stelle ich mir vor, mit dem Presslufthammer, und das erste, was du findest, ist ein Haufen Steine. Du willst Kohle machen, du musst aber die Steine mit in Kauf nehmen. Du wirst enorm viel Zeit damit vertun, eine Ausbaustrecke anzulegen, um das Hangende zu sichern, du musst die Stempel legen, du musst sie zuschneiden, da geht sehr viel Zeit und Arbeit drauf. Was du am Ende willst, ist Kohle, im wahrsten Sinne des Wortes für dich was in der Tasche. Aber das geht nur, indem du Verluste in Kauf nimmst, doch du würdest deine Arbeit gar nicht erst beginnen, wenn du nicht wüsstest, dass sie sich am Ende für dich und deine Familie rentiert.

Entscheidend ist mir – egal wie wir jetzt die Bilder umwandeln in die Gegenwart, auch der Steinkohlebergbau ist ja schon nicht mehr Gegenwart –, dass wir uns nicht in eine oberflächliche Ermutigung hineinsteigern dürfen, wie: Lass' dich nicht unterkriegen! Verlier' nicht deinen Mut! Behalte dein rheinisches oder westfälisches Naturell! So ist das nicht im Sinne Jesu. Selbst wenn das ganze Leben ein Misserfolg zu sein scheint, liegt es doch in den Händen Gottes. Jesus glaubt an den Menschen, weil er ihn von Gott her sieht. Das ist entscheidend! Wenn Gott zu uns hält, dann sollten wir uns nicht selber verlorengeben, weil die Saat letzten Endes aufgeht!

Es gibt ein wunderschönes Bild von Vincent van Gogh: Der Sämann, gemalt 1888. Ist der »Sämann« sozusagen ein metaphysisches Bild, was unabhängig von jeder Zivilisationsstufe, die der Mensch erreicht oder nicht erreicht, ewig bleiben wird im Kopf des Menschen, selbst wenn es vielleicht den herkömmlichen Sämann gar nicht mehr gibt?

Das glaube ich nicht. Das Bild von van Gogh hat wirklich religiöse Erinnerung, weil die Sonne im Hintergrund die ganze Welt überstrahlt. Kulturgeschichtlich ist der Ackerbau eine Errungenschaft mit Beginn des Neolithikums, der Sämann in der Form maximal viertausend Jahre alt. Im antiken Ägypten haben wir in den Gräbern Bilder, die uns den Vorgang in einer Weise zeigen, wie im heutigen Afghanistan immer noch gesät, geerntet und gedroschen wird, als wäre die Zeit stehen geblieben. Aber die Bilder selber sind nicht so tief; sie sind keine eigentlich archetypischen Bilder. Der Zyklus der Natur selbst mit ihrem Werden und Vergehen ist zweifellos tief im Menschen verankert, ein Bild, das auch in den Religionen eine große Rolle spielt. Aber wer sich in der heutigen großflächigen, wirtschaftsorientierten Agrarindustrie die Riesenfelder anschaut, die zum Beispiel im Mittleren Westen der USA vom Traktor aus gepflügt und geerntet werden – eine Produktionsweise, die auf Erfolgsmaximierung hinausläuft und selbst geringste Einbußen zu minimieren trachtet –, dem fällt es schwer, die Geschichte so, wie sie sich hier dartut, unter diesen Voraussetzungen noch vor sich zu sehen. Doch wie gesagt: das muss man auch nicht. Es ist wie bei aller Dichtung: Man gewinnt eine Vorstellung, die sich weiterträumt. Und die Aufforderung an den Hörer oder Leser des Gleichnisses heißt: Geh doch mit dir selber einfach mal durch, was dich traurig gemacht hat, wo du dachtest, es hat ja doch keinen Zweck, ich habe alles Richtige versucht, ich habe mich angestrengt, ich habe ausgestreut, was ich hatte – mehr habe ich überhaupt nicht. Aber es kommt nichts dabei heraus.

In vielen Gebieten der Welt ist das noch heute so: Die armen Leute müssen alles, was sie haben, auf den Acker bringen. Sie haben keine Nahrungsreserven, so dass vor allem die Frühlingsmonate immer einhergehen mit schweren Hungerkatastrophen. Man ist derart verschuldet, dass man betteln gehen muss für neues Saatgut, um den Acker noch zu bestellen. Das dürfte eigentlich nicht sein, aber in vielen Ländern ist es so, und am Ende wissen die Menschen nicht, wie es weitergehen soll. Da ist ein irdischer Trost gar nicht möglich, und es stellen sich Fragen, auf welche allein die Religion Antworten geben kann. Und dazu braucht man Gott: die Vorstellung eines Sämanns, dessen Saatgut wir selber sind.

Auf dem Gemälde van Goghs reicht der Kopf des Sämanns hinein in den unteren Rand der Sonne. Und es ist augenscheinlich diese Verbindung zwischen Himmel und Erde, die dem Sämann, wie ich es empfinde, eine religiöse Aura verleiht.

Van Gogh hat irgendwann einmal einen Entschluss gefasst, der so ähnlich ist wie die Gleichniserzählung Jesu selber. Van Gogh meinte: Ich male nicht mehr Christus, sondern lieber Menschen, nicht mehr Kathedralen, sondern das Leben. Und wer den Menschen zuschaut und ihr Leben darstellt, erfährt Gott. Diese Vermenschlichung einfach in der Wahrnehmung ist die des van Gogh gewesen, und es ist dieselbe in den Reden Jesu. Was Jesus in den Gleichnissen ausbreitet, sind Gemälde in Worten.

Vom unbarmherzigen Knecht

Matthäus 18, 21-35

*21 Da trat Petrus zu ihm und fragte: Herr, wie oft muss ich denn mei-
nem Bruder, der an mir sündigt, vergeben? Genügt es siebenmal?
22 Jesus sprach zu ihm: Ich sage dir: nicht siebenmal, sondern siebzigmal
siebenmal.*

*23 Darum gleicht das Himmelreich einem König, der mit seinen Knech-
ten abrechnen wollte. 24 Und als er anfing abzurechnen, wurde einer
vor ihn gebracht, der war ihm zehntausend Zentner Silber schuldig. 25
Da er's nun nicht bezahlen konnte, befahl der Herr, ihn und seine
Frau und seine Kinder und alles, was er hatte, zu verkaufen und damit
zu bezahlen. 26 Da fiel ihm der Knecht zu Füßen und flehte ihn an
und sprach: Hab Geduld mit mir; ich will dir's alles bezahlen. 27 Da
hatte der Herr Erbarmen mit diesem Knecht und ließ ihn frei, und die
Schuld erließ er ihm auch. 28 Da ging dieser Knecht hinaus und traf
einen seiner Mitknechte, der war ihm hundert Silbergroschen schuldig;
und er packte und würgte ihn und sprach: Bezahle, was du mir schuldig bist! 29 Da fiel sein Mitknecht nieder und bat ihn und sprach: Hab
Geduld mit mir; ich will dir's bezahlen. 30 Er wollte aber nicht, sondern
ging hin und warf ihn ins Gefängnis, bis er bezahlt hätte, was er schuldig war. 31 Als aber seine Mitknechte das sahen, wurden sie sehr betrübt
und kamen und brachten bei ihrem Herrn alles vor, was sich begeben
hatte. 32 Da forderte ihn sein Herr vor sich und sprach zu ihm: Du böser*

Knecht! Deine ganze Schuld habe ich dir erlassen, weil du mich gebeten
hast; 33 hättest du dich da nicht auch erbarmen sollen über deinen Mit-
knecht, wie ich mich über dich erbarmt habe? 34 Und sein Herr wurde
zornig und überantwortete ihn den Peinigern, bis er alles bezahlt hätte,
was er ihm schuldig war. 35 So wird auch mein himmlischer Vater an
euch tun, wenn ihr einander nicht von Herzen vergebt, ein jeder seinem
Bruder.

Herr Drewermann, mir fällt auf, dass dieses Gleichnis in den verschiedenen Bibelausgaben sehr unterschiedliche Überschriften trägt. Einmal heißt es »Vom unbarmherzigen Knecht«, ein anderes Mal »Von der Vergebung«, und bei Luther heißt es »Der Schalksknecht«. Ist man sich nicht ganz sicher, worauf die Sache hinaus will, dass man so verschiedene Überschriften gewählt hat?

Das kann man eigentlich nicht sagen, denn das Gleichnis ist sehr gut erzählt und im Inhalt eindeutig. Es handelt von einem Mann, der so ist, wie wir im Grunde alle unter den Augen Jesu sind. Wir haben im Rahmen unserer bürgerlichen Moral die Vorstellung im Kopf, dass es auf Erden gerecht zugehen müsse, indem das Gute belohnt und das Böse bestraft wird. Natürlich fühlen wir uns dabei auf der Seite der Anständigen, der Ordentlichen, der Gerechtdenkenden; wir erfüllen unsere Pflichten, wir gehen unserer Arbeit nach, wir halten uns an Gesetz und Ordnung. Leider gibt es nun andere Zeitgenossen, die sich herausnehmen, Gesetze zu brechen und Dinge zu tun, die man nicht tun sollte, und dann stünde die Gesellschaft, der Staat, auch die Religion, im letzten Gott selber in der Pflicht, für die durch den Menschen in Verwirrung gebrachte Ordnung zu sorgen, schon damit die Normen wieder klar sind. Dass man Normen brechen kann, ohne dass Folgen zu erwarten wären, ist da nicht möglich. Strafe muss sein. Das ist die Art, in der wir mit uns selber und mit unseren Mitmenschen umzugehen pflegen. Doch in den Augen Jesu stimmt in diesem ganzen Denken so gut wie nichts. Wir erlauben uns, Menschen, die etwas tun, das böse zu sein scheint, das sie mit Schuld belädt, zu verurteilen. Wir brechen allzu leicht den Stab über andere. In den Augen Jesu aber wird gerade den Menschen, die schuldig werden, Unrecht zugefügt, wenn man mit ihnen so verfährt. Es hilft ihnen nicht bloß, es ist eine unerträgliche Selbstgerechtigkeit und im Grunde sogar ein Selbstbetrug auf seiten der Strafenden. Denn schauen wir genau hin, sind die Zusammenhänge oft andere. Wenn wir so ordentliche Bürger sind, wie wir glauben, haben wir in aller Regel lediglich Glück gehabt. Wir sind in einem Elternhaus aufgewachsen, das relativ in Ordnung war. Wenn unser Gefühlshaushalt stimmt, liegt es daran, dass wir Menschen begegnet sind, die sich uns in wichtigen Entwicklungsphasen zugewandt haben, so dass sich Vertrauen bilden konnte. Was erlaubt uns eigentlich, an Menschen, die ganz anders durchs Leben getrieben wurden als wir, ständig die moralische Elle anzulegen?

Mit einem Wort: Jesus möchte das Augenmerk lenken auf eine Grundtatsache: Wir verdanken unseren Status im Letzten nicht uns selber, und würden wir genau hinschauen, würden wir merken, dass es auch mit unserer Gerechtigkeit nicht so weit her ist. Wie viele Fehler unterlaufen uns! Wie oft fehlen wir an Stellen, an denen wir hätten Verantwortung übernehmen müssen! Wie viel machen wir falsch durch Gedankenlosigkeit oder durch fehlendes Engagement! Ergo: Wenn wir glauben, Gott in Anspruch nehmen zu können für unsere bürgerlichen Rechtsvorstellungen, dann – wörtlich gesprochen – gnade uns Gott!

Und wenn wir das jetzt auf das vorliegende Gleichnis übertragen: Was bedeutet es im Hinblick auf den Herrn, der mit seinen Untergebenen abrechnen will?

Das bedeutet zunächst einmal, dass sich bei Gott niemand auf Verdienste berufen kann. Im Gegenteil! Die Schulden sind gewaltig. Der Mann schuldet dem König zehntausend Talente, und nun, da er seine Schuld bezahlen soll, windet er sich und winselt vor seinem Herrn mit der utopischen Beteuerung, er würde ja alles bezahlen. Der Herr will ihn und seine Frau in die Sklaverei verkaufen, die Kinder gleich mit. Aber nun, da der Knecht ihm zu Füßen liegt und um Erbarmen fleht, erlässt er diesem die gesamte Schuldsumme, sozusagen wegen erwiesener Zahlungsunfähigkeit. Das ist aus der Perspektive des Königs der vernünftigste Beschluss. Und er hat die Vorstellung, er habe nun einen Knecht, der vor Freude und aus Dankbarkeit um so motivierter für ihn arbeiten werde. – Zwischen den Zeilen möchte Jesus damit etwas sagen, das seine ganze Botschaft durchzieht, nämlich: Wenn ihr eure Grundsituation vor Gott bedenkt, ist es genau diese hier. Ihr seid noch einmal davongekommen! Das liegt daran, dass Gott die gesamte Schuld ignoriert und euch die Chance gibt, daraus zu lernen. Das ist die Erwartung auch des Königs hier im Gleichnis. Er nimmt an, dass sein Knecht begreift, dass ein Mensch, der nur aus der Vergebung lebt, mit allen anderen Menschen ganz genauso leben müsste.

Zumindest kann man annehmen, dass das die Hoffnung des Königs ist, aber wir erfahren im Text überhaupt nicht, wie der Knecht auf die ihm erwiesene Barmherzigkeit reagiert. Und umso schlimmer ist es doch in unseren Augen, dass dieser Knecht dann so unbarmherzig gegen einen seiner Mitknechte vorgeht, der ihm eine vergleichsweise kleine Summe schuldet, und von diesem die augenblickliche Begleichung der Schuld fordert.

Das Gleichnis ist in genau der Weise, die Sie skizzieren, zweigeteilt. Vor Gott sind wir alle Schuldner, denen vergeben wird, nicht aus Gründen der Gerechtigkeit, sondern der reinen Gnade, des bloßen Erbarmens. Was unsere zwischenmenschlichen Forderungen und Schuldeintreibungsversuche angeht, handelt es sich nie um Riesensummen, sondern im Grunde um winzige Beträge, die man nicht in Talenten oder Zehntausenden von Euro, sondern in Pfennigbeträgen, in Silbergroschen, verrechnen muss. Und das Erstaunliche ist: Wir tun so, als wenn unsere relativen Forderungen absolut wären, und aus Gründen einer vermeintlichen Gerechtigkeit gehen wir deshalb einander an die Gurgel. Der Mann hier in unserem Gleichnis spricht mit seinem Mitknecht genauso wie der König es anfangs tat: Zahle, was du schuldig bist! Und der Mitknecht redet jetzt genau so, wie der Mann es vor dem König tat: Ich werde ja zurückzahlen! Der Unterschied ist nur, dass man gegenüber dem König eigentlich gar nicht zurückzahlen kann, während der Mitknecht durchaus die Möglichkeit hätte, die Schuldsumme zurückzuzahlen. Der andere gibt ihm die Chance aber nicht, mit anderen Worten: Er hat nicht begriffen, was sich wirklich begeben hat.

Aber kann man das psychologisch irgendwie erklären, das Verhalten des unbarmherzigen Knechts. Was geht in dem vor? Was ist in den hineingefahren, dass er nicht in der Lage ist, seinen Mitknecht ähnlich barmherzig zu behandeln, wie er selber barmherzig behandelt worden ist?

Um Ihre Frage zu beantworten, will ich ein Beispiel anführen: Leo Tolstoi, den ich schon in der Einleitung erwähnt habe, war ein Mann, der versuchte, rechtschaffen zu denken, ein großer Moralist, und der dennoch in seinen Romanen wie zum Beispiel *Anna Karenina* in der Person des Herrn Karenin eine Persönlichkeit beschrieben hat, die sehr verfestigt ist in den Begriffen von Gut und Böse, von Recht und Ordnung, von Lohn und Strafe. Karenin fühlt sich absolut im Recht gegenüber seiner Frau Anna, die Ehebruch begangen hat, der man das Recht abspricht, Mutter ihrer Kinder zu sein. Schaut man sich Tolstois großen Roman mit den Augen des russischen Dichters an oder liest man diese Tragödie vor dem Hintergrund dieser biblischen Erzählung, so kommt man vielleicht zu folgender Überlegung: Da ist ein Mensch an meiner Seite, der mir gegenüber schuldig geworden ist, in gewissem Sinn sogar auf schwere Weise. Es ist etwas passiert, mit dem ich nicht fertig werde. Darüber kann ich jetzt zu Gericht sitzen und sagen: Ich quäle dich, dass du das wieder gutmachst. Das tut Herr Karenin – bis seine Frau sich umgebracht hat. Und er sieht keinen Grund, darüber Reue zu empfinden. Er fühlt sich nach wie vor im Recht, versichert durch die bürgerliche Moral, durch die kirchliche und staatliche Gesetzgebung. Es wäre aber doch auch möglich, sich einmal zu fragen, ob die Zusammenhänge nicht ganz anders sind. Was ist im Herzen eines Menschen, den ich mal geliebt habe, passiert, dass er die Liebe verraten konnte? Und vielleicht bin ich es doch selber, der die Liebe zerstört hat. Könnte es nicht sein, dass die Schuld des Menschen an meiner Seite nur meine eigene Schuld offenbart und unverrechenbar groß macht? Wäre es nicht denkbar, dass meine Lieblosigkeit den anderen dahin gebracht hat, die Liebe zu vergessen, die er einmal gefühlt hat?

Es ist eine Tatsache, dass ein Mensch durchaus erkennen kann, dass diese Möglichkeit besteht, ja dass er das in seinem Innern sogar spürt. Dennoch wird er sich dagegen wehren. Und dann wird er zurückkehren zu den Kleinbeträgen, dann muss er Recht haben zu seiner Verteidigung, sonst bräche sein ganzes Selbstwertgefühl zusammen, und deshalb muss die Schuld des anderen eingetrieben werden. Jesus sagt, dass an dieser Denkweise alles verkehrt ist. So kommst du bei Gott nicht durch! So wirst du nie lernen, was wirkliche Güte ist, was Verstehen und Verzeihen bedeutet. Wenn du das wüsstest, wärest du deinen Weg noch ein Stück weiter gegangen – und dann in Gottes Arme gefallen. Alles hätte sich geändert, aber die Chance, die du hattest, hast du nicht wahrgenommen.

Am Ende der Bergpredigt, im 7. Kapitel, sagt Jesus: Richtet nicht, damit ihr nicht gerichtet werdet, denn sonst – so sinngemäß – müsste Gott ja nach gleichem Maßstab euch verurteilen. Um das geht es hier in dem Gleichnis. Der Herr hätte erwarten können, dass sein Knecht begreift, worauf es ankommt. So aber übergibt der König diesen Burschen seinen Folterknechten. Es sind Höllenphantasien, die da bei Matthäus anklingen. Und mir liegt auch daran zu sagen: Es ist eine Art von virtuellem Spiel, das Jesus hier durchführt. Er will nicht die Hölle predigen, er will nur sagen: Menschen, die kein Erbarmen kennen, für die ist das, was sie auf Erden anrichten und selber erleben, bereits die Hölle.

Wenn man vielleicht auch nicht das Verhalten des Herrn im ganzen billigen mag, so kann man doch nachempfinden, warum er so enttäuscht ist von diesem Knecht und dessen Verhalten, und er nennt ihn einen bösen Knecht. Ist nicht das Wort »böse« hier eigentlich unangemessen, weil es relativierend oder verharmlosend wirkt?

Es wäre fast eine Ausrede zu sagen, dass »böse« im Griechisch des Neuen Testaments auch so viel bedeuten kann wie »unbrauchbar«. Es gibt aus dem Munde Jesu zum Beispiel den Ausspruch: Macht euch Freunde mit dem ungerechten Mammon. Und das heißt so viel wie: Mit dem schnöden Mammon, der zu nichts tauglich ist. So ähnlich ist das hier mit »böse«. Gemeint ist: Der Kerl ist ganz und gar unbrauchbar. Das einzige, das man bei Gott richtig machen kann, ist, dass man das Erbarmen, das er selber jedem schenkt und woraus jeder lebt, weiterreicht. Das ist sowohl gut wie brauchbar – oder im Gegensatz eben böse und unbrauchbar. Was Jesus meint, ist: Wer Liebe lebt, den Nächsten liebt wie sich selbst, der macht vor Gott alles richtig.

Was ich nicht ganz verstehe, ist, warum der Herr zwar diesen bösen, unbarmherzigen Knecht den Peinigern zur Bestrafung übergibt, und zwar bis er alles bezahlt habe, was er schuldig sei, dass man aber doch nach Lage der Dinge annehmen muss, dass der dazu überhaupt keine Möglichkeit haben wird.

Der Mann hat ja anfangs gesagt: Ich will alles bezahlen. Und nun wird er beim Wort genommen. Soll er doch bei seiner verlogenen Erklärung bleiben, er werde die riesige Schuldsumme zurückzahlen. Und bis dahin wird er gepeinigt und gefoltert. Jesus arbeitet hier mit einer Drohkulisse, die in der kirchlichen Dogmatik unter den Vorstellungen der Hölle subsumiert wird. Da wir vorhin von Tolstoi sprachen, liegt mir jetzt daran, ein Beispiel von Dostojewski anzufügen. Es gibt eine wunderbare Stelle in dem Roman *Die Brüder Karamasow*, dem Alterswerk des großen russischen Schriftstellers. Es geht um die Frage: »Kann ein Mensch Richter sein über seinesgleichen?« Es ist noch die Zeit im zaristischen Russland, wo, wenn jemand als Delinquent nach Sibirien verschleppt wurde, am Ortsausgang die

Frauen standen und die Hände des Täters küssten, sich bekreuzigten und sagten: Er trägt ja nur stellvertretend unser aller Schuld. Dostojewski schreibt einmal in seinem Tagebuch, das russische Volk trage Christus im Herzen, und er will sagen: Das ganze Christentum ist nichts anderes als Mitleid. Und weiter heißt es dazu bei Dostojewski: Wenn sie dich je bestellen sollten, Richter zu sein über einen anderen Menschen, so nimm als erstes seine Schuld auf dich. Erkläre öffentlich dich selber schuldig an der Schuld des anderen. Sprich: Wäre es denn möglich, dass er seine Tat begangen hätte, würde ich selbst ein anderer Mensch gewesen sein? Wenn du so sprichst, magst du Richter sein über deinesgleichen.

Das Gleichnis beginnt mit einer Frage von Petrus an Jesus, die mir fast wie eine Fangfrage vorkommt. Petrus sagt nämlich: »Herr, wie oft muss ich meinem Bruder, der an mir sündigt, vergeben? Genügt es siebenmal« Bekommt Petrus am Ende des Gleichnisses eine Antwort, die uns zufrieden stellen kann?

Die Frage ist wieder vor dem biblischen Hintergrund zu sehen. Es gibt im 4. Kapitel des ersten Buches Mose die Geschichte von Lamech. Kain hat seinen Bruder Abel ermordet. Aus der Linie des Kain ist Lamech hervorgegangen und der singt vor seinen beiden Frauen Ada und Zilla eine Art Liebeslied. Gott hat erklärt: Jeder, der den Mörder Kain zu bestrafen versucht, wird von Gott siebenfach bestraft werden. Gott schützt das Leben des Mörders Kain mit siebenfacher Strafe. Gott will die Angst des Menschen vor dem Menschen an dieser Stelle blockieren, damit nicht die Vorstellung, jeder könne ein Mörder des anderen sein, dahin führt, dass nur noch Gewalt und Totschlag das Zusammenleben diktieren. Solch ein Mord wie an Abel soll sich nicht wiederholen. Aber offensichtlich hat auch Gott in der Urgeschichte das so nicht in der Hand, denn Lamech singt hier stolz sein Lied vor seinen Frauen. Kain soll siebenmal gerächt werden, aber Lamech siebzigmal siebenmal, für jede Strieme, für jede Wunde. Und nur ein solcher Mann, der draufschlägt, maßlos, und die kleinste Verletzung tödlich rächen wird, kann Frauen Schutz bieten. Es ist wie im Tierreich: Nur die Stärksten haben überhaupt die Möglichkeit, ihre Gene zu verstreuen, und die Weibchen müssen sich daran orientieren. Es ist die Rückkehr des Tierlebens, wo die Stärksten dominieren, in die Kulturgeschichte. In einer Welt, in der jeder den anderen fürchten muss, bestimmt am Ende das Schwert, wer sich durchsetzt. Gegen diese Welt – das immerhin hat Petrus offenbar begriffen – setzt Jesus *seine* Botschaft; er möchte die Angst durch das Vertrauen in Gott überwinden und von daher das menschliche Leben auf eine vollkommen neue Grundlage stellen. Jesus aber will, dass wir das »siebzigmal siebenmal« des Lamech widerlegen, und deshalb antwortet er Petrus: Nicht siebenmal, sondern siebzigmal siebenmal!

Und das korrespondiert ja dann wohl mit dem Schluss des Gleichnisses vom »Schalksknecht«, wo Jesus die Jünger auffordert, dass ein jeder seinem Bruder »von Herzen« vergeben soll.

Ja, und das meint »von ganzem Herzen«, nicht bloß mit dem Munde oder weil es erwartet wird. Bei Lukas heißt es im 11. Kapitel: »Vater! Vergib uns unsere Sünden, *denn* auch wir vergeben unseren Schuldnern.« Das heißt, Lukas dreht die Kausalitäten um; er meint: Wir vergeben doch auch, tu es deshalb mit uns ebenso!

Vom unehrlichen Verwalter

Lukas 16, 1-9

1 Er sprach aber auch zu den Jüngern: Es war ein reicher Mann, der hatte einen Verwalter; der wurde bei ihm beschuldigt, er verschleudere ihm seinen Besitz. 2 Und er ließ ihn rufen und sprach zu ihm: Was höre ich da von dir? Gib Rechenschaft über deine Verwaltung; denn du kannst hinfort nicht Verwalter sein. 3 Der Verwalter sprach bei sich selbst: Was soll ich tun? Mein Herr nimmt mir das Amt; graben kann ich nicht, auch schäme ich mich zu betteln. 4 Ich weiß, was ich tun will, damit sie mich in ihre Häuser aufnehmen, wenn ich von dem Amt abgesetzt werde. 5 Und er rief zu sich die Schuldner seines Herrn, einen jeden für sich, und fragte den ersten: Wie viel bist du meinem Herrn schuldig? 6 Er sprach: Hundert Eimer Öl. Und er sprach zu ihm: Nimm deinen Schuldschein, setz dich hin und schreib flugs fünfzig. 7 Danach fragte er den zweiten: Du aber, wie viel bist du schuldig? Er sprach: Hundert Sack Weizen. Und er sprach zu ihm: Nimm deinen Schuldschein und schreib achtzig.

8 Und der Herr lobte den ungetreuen Verwalter, weil er klug gehandelt hatte; denn die Kinder dieser Welt sind unter ihresgleichen klüger als die Kinder des Lichts. 9 Und ich sage euch: Macht euch Freunde mit dem ungerechten Mammon, damit, wenn er zu Ende geht, sie euch aufnehmen in die ewigen Hütten.

Herr Drewermann, dass man sich in der Beurteilung der Hauptperson des Gleichnisses schwer tut, zeigt sich für mich schon darin, dass die Überschriften in den einzelnen Bibelausgaben unterschiedlich sind. Einmal heißt es »Vom unehrlichen Verwalter«, ein anderes Mal »Vom klugen Verwalter«. Das scheint ja fast das Gegenteil auszudrücken.

Es ist auch das Gegenteil. Es gibt gegen die ganze Botschaft Jesu einen Generaleinwand, nämlich, dass sie den ethischen Standpunkt der bürgerlichen Moral unterwühlt. Der Mann aus Nazareth traut Gott zu, den Menschen zu vergeben, und zwar bedingungslos. Dagegen spricht aber die Gerechtigkeit. Gott darf nur vergeben, wenn die Menschen es verdienen und durch Reue und Buße die Vorbedingungen dafür schaffen. Wenn sie sich selber wieder einfügen in das Rahmenwerk von Anstand und Ordnung, dann kann man sie wieder aufnehmen. Jesus meint dagegen: Das können die Menschen überhaupt nicht; sie werden den Weg zurück zu Gott und zur menschlichen Gemeinschaft nur finden können durch eine Vergebung, die sie so umfängt, dass sie überhaupt wieder richtig zu leben vermögen.

Vielleicht lässt sich das am einfachsten am Modell der Psychotherapie verdeutlichen. Man hat es da mit Menschen zu tun, die auf der Ebene moralischer Bewertungen manches falsch gemacht haben, aber in Wirklichkeit sind das nur die Symptome eines Prozesses von Leid oder seelischer Erkrankung, der viel tiefer liegt. Will man ihnen helfen, kann man es nicht tun, indem man die Gesetze nachpredigt, sondern hineinschaut, was wirklich im Innern solcher Menschen vor sich geht. Wenn es so steht, nähert man sich der Merkwürdigkeit, dass jemand klug sein kann im Sinne Jesu, sich aber in den Augen der Moralisten höchst bedenklich oder gar grundfalsch verhält.

Ich entsinne mich noch meines eigenen Schulunterrichts, als eines Tages unser Deutschlehrer erschien, ein begnadeter Atheist sozusagen, und verkündete, es gebe im Neuen Testament eine Geschichte, welche die gesamte Ethik auf den Kopf stelle. Der Gedanke auch nur war so schrecklich, dass die Stunde darauf unser Religionslehrer das Bild wieder zurechtrücken wollte. Aber der Deutschlehrer hatte vollkommen Recht. Er bezog sich auf die Geschichte, mit der wir es hier zu tun haben. Sie ist ethisch nicht zu rechtfertigen, denn sie erzählt davon, dass sich jemand in seinem Geschäftsgebaren eine Menge von Unterschleifungen hat zu Schulden kommen lassen. Er hat offenbar in die eigene Tasche gewirtschaftet, und er ist damit auch eine ganze Weile durchgekommen. Es steht nun zu erwarten, dass sein Herr gar nicht anders kann, als ihn achtkantig zu feuern – und damit käme er noch gut davon. Aber seine Perspektive ist gleichwohl düster. Er sieht zwei Möglichkeiten für sich: Er kann auf dem Feld oder beim Wegebau seinen Tagelohn verdienen, also schwere Arbeit verrichten und sich den Rücken dabei krumm machen. Er kann sich aber auch an die Straße setzen und wie ein Bettler die Hand aufhalten. Beide Vorstellungen sind alles andere als schmeichelhaft. Das eine tut seiner Physis weh, das andere seiner Psyche, bei dem einen kommt er ins Schwitzen, bei dem anderen gerät er in Schande. Was also kann er machen?

Man könnte sich vorstellen, dass Jesus, als er das Gleichnis erzählt, an dieser Stelle ein kleine Kunstpause eingelegt hat, damit die Zuhörer einen Moment überlegen können, was sie wohl an Stelle des unehrlichen Verwalters getan hätten.

Diese Vorstellung ist naheliegend. Der Verwalter jedenfalls sieht für sich noch eine Chance – und der Gedanke ist raffiniert: Es gibt eine Reihe von Schuldnern, die bei seinem Herrn in der Kreide stehen. Wie wäre es, überlegt er, wenn er à conto seines Herrn den Schuldnern bestimmte Summen erlassen würde, 20 Prozent oder gar 50 Prozent, und so macht er es. Er lässt die Schuldner seines Herrn kommen, tabelliert die Schuld, die sich mit roten Zahlen verbindet, und gibt Anweisung zur Schuldenreduktion. Man hat gemeint, dass sich dieser Schuldennachlass nur bezöge auf die Zinsen, die erhoben werden könnten, dass also dem Herrn gar kein Schaden entstünde. Das ist aber eine unpassende Annahme. Die Summen sind viel zu willkürlich eingesetzt, und selbst der Zinsverlust wäre für den Herrn nicht ohne Folgen. Außerdem hat man in Israel nach dem mosaischen Gesetz gar keine Zinsen zu nehmen. Es hilft also kein Drumherumreden – : dieser Mann schädigt seinen Herrn, und er tut es absichtlich, weil er sich so bei den Schuldnern Freunde machen kann, damit sie ihn »in ihre Häuser aufnehmen«. Darin sieht er seine einzige und letzte Rettung.

Nun wird gewiss der Einwand der frommen Gläubigen kommen, dass so eine Gaunerei doch nicht mit Gott zu machen sei und dass dieser Kerl bestraft gehöre. Jesus aber erzählt ausdrücklich, dass der Herr ganz anders reagiert, als er davon hört: Er lobt den ungetreuen Verwalter, weil er klug gehandelt habe. Und Jesus bringt es ganz allgemein zum Ausdruck, dass nämlich die Kinder dieser Welt unter ihresgleichen klüger seien als die Kinder des Lichts. – Die ganze Erzählung ist wie eine Gaunerkomödie, und ich nehme an, dass die Hörer damals das auch so verstanden haben. Es scheint das Ende der Moral zu sein, aber der Anfang von Menschlichkeit. Ich kenne in der ganzen Weltliteratur niemanden, der sich Geschichten dieser Art hat einfallen lassen, als den Mann aus Nazareth.

Es kann ja sein, dass diese Geschichte tatsächlich den Stoff hergäbe für eine Komödie, aber der Straftatbestand, der vorliegt, ist nun mal der der Untreue. Und es mag auch sein, dass unsere Sympathie auf der Bühne bei der Hauptperson der Handlung läge, aber ich sträube mich dagegen, dass wir das Verhalten des »ungetreuen Verwalters« verharmlosen.

Es ist nicht zu verharmlosen. Jesus will sagen: Eure Situation ist allemal die: Ihr sitzt in der Patsche und ihr kommt da nicht raus. Und das, was Gott gerechterweise mit euch machen müsste, wäre, euch aus seinem Verhältnis mit ihm zu entlassen. Das einzige, was euch bleibt, die ihr »Kinder des Lichts« sein möchtet, ist, zu begreifen, dass ihr Gott nicht schädigen könnt. Der Verwalter hat seine Lage begriffen und das einzig Richtige gemacht.

Aber noch etwas zur Logik des Ganzen, die mir etwas verdreht zu sein scheint. Es heißt am Ende des Gleichnisses, offenbar aus dem Munde Jesu selber: »Macht euch Freunde mit dem ungerechten Mammon!« Aber an anderer Stelle hat Jesus nach meinem Dafürhalten das Gegenteil gesagt, nämlich: »Ihr könnt nicht Gott dienen und dem Mammon!« Und als der reiche Jüngling zu ihm kommt und fragt, was er tun müsse, um in das Himmelreich einzugehen, sagt Jesus ihm: »Eher geht ein Kamel durch ein Nadelöhr, als dass ein Reicher in den Himmel kommt.«

Das Erste ist, dass die Bemerkung vom »ungerechten Mammon« nicht mehr zum eigentlichen Gleichnis gehört; sie ist erkennbar angehängt. Aber gleichwohl macht sie einen Sinn, auch im Zusammenhang der Worte, die Sie gerade zitiert haben. »Ungerechter« Mammon ist wieder eine moralische Umschreibung, man sollte lieber sagen: mit dem »schnöden« Mammon. Darin liegt die Relativierung: Nehmt doch das ganze Geld nicht so ernst, dass es euch Gott verstellt, zum Beispiel bei der Frage, was euch Sicherheit bietet. Wollt ihr die durch euer Bankdepot herstellen oder durch Vertrauen? Wollt ihr menschliche Beziehungen materialisieren, bis dass sie euch kontrollierbar werden, oder wollt ihr offen miteinander umgehen? Und was das Geld angeht, habt ihr eigentlich nur die Wahl: Entweder ihr nützt es in einem Konkurrenzkampf aller gegen alle. Dann müsst ihr nicht erwarten, dass bei einem solchen System am Ende Frieden das Ergebnis sei. Denn ihr nutzt das Geld ja nur als Mittel zum Sichdurchsetzen, zum Obenaufschwimmen. Oder ihr setzt das Geld ein, um euch Freunde zu schaffen. Nur dafür wäre es doch da! Geld sollte Menschen miteinander verbinden – und nicht wie Kampfatome gegeneinander treiben. Das meint Jesus: Wenn ihr schon Geld habt, dann schaut, was ihr damit macht und wer es am meisten brauchen kann.

Jesus will in dem Gleichnis selbst aber überhaupt nicht von Geld sprechen. Es geht nicht um finanzielle Schulden, es geht um die Schuld, die wir als Menschen vor Gott haben. Jesus meint: Wenn ihr bloß denen leiht, die euch zurückzahlen können, das tun die Heiden auch, da brauchen wir von Gott nicht zu sprechen. Im Gegenüber Gottes indessen müssen wir begreifen, dass wir gar nicht »zurückzahlen« können.

Dass der Verwalter seine »irdischen« Pflichten nicht erfüllt hat – gleichwohl er in den Augen seines Herrn »klug« handelt –, daran gibt es keinen Zweifel. Ich habe ja auch kein Problem mit dem Einstieg in die Erzählung als vielmehr mit der Schlussfolgerung.

Mit fällt dazu etwas aus dem Leben Albert Schweitzers ein, der darüber nachdachte, dass er als Theologe, als begnadeter Forscher, ein sehr angenehmes Leben würde führen können, eine anerkannte Kapazität auf dem Gebiet der Leben-Jesu-Forschung, kurzum, er hätte so fortfahren können – bis dass er sich aber eines Tages sagte: Ich hab dazu kein Recht, mir geht es viel besser als vergleichbar Menschen irgendwo draußen in der Welt. Und das Leben, das ich führe, ist ja auch nicht mein Verdienst. Ich stehe in der Pflicht, es irgendwie zurückzuzahlen; ich fühle eine Schuld, die ich wieder gut machen muss. Und dann beschloss er, nach einer Art von Berufungserlebnis, Medizin zu studieren. 1913 gründete er dann in Lambarene in Afrika sein Tropenhospital. Albert Schweitzer wollte nicht mehr über Jesus *reden*, sondern die Lehre Jesu *leben*.

Ich entsinne mich auch noch eines Mannes, der im Staatsdienst war, eine ordentliche Persönlichkeit, sehr genau in der Vorstellung von Recht und Ordnung, geradlinig, dabei aber auch sehr unduldsam und mitleidlos. Alles währte so lange, bis er eines Tages in eine schwere Krise geriet durch einen Hirninfarkt, mit allen schlimmen Folgen. Vor allem war die Sprache empfindlich gestört, so dass er plötzlich angewiesen war auf die Hilfe seiner Frau, die mit ihm wie mit einem kleinen Kind die Sprache nochmals neu erlernen musste. Plötzlich wusste er, was Schwäche ist, was Abhängigkeit ist, was Angewiesensein bedeutet. Ihm wurde bewusst, dass seine ganze Art, mit Menschen umzugehen, falsch war. Irgendwo in der Stadt lebte eine entfernte Verwandte, die war eine Bordellchefin – furchtbar für ihn! Und jetzt auf einmal vermochte er zu sagen: Das sind doch alles nur Menschen. Es genügte ein plötzlicher Einbruch in seine physische Konsistenz, um bis ins Moralische hinein seine Sicherheit zu erschüttern. Der Mann hatte erkannt, dass wir im Grunde nur von Menschlichkeit leben, von Mitleid, Güte und Verstehen. Auf diese Weise können wir dann auch mit Gott klarkommen. Aber wirklich nur so. Was uns trägt, ist weder Ethik noch Justiz. Es ist die religiöse Sphäre der Gnade, die uns leben lässt.

Von den Arbeitern im Weinberg

Matthäus 20,1-16

[1] Denn das Himmelreich gleicht einem Hausherrn, der früh am Mor-
gen ausging, um Arbeiter für seinen Weinberg einzustellen. [2] Und als er
mit den Arbeitern einig wurde über einen Silbergroschen als Tagelohn,
sandte er sie in seinen Weinberg. [3] Und er ging aus um die dritte Stunde
und sah andere müßig auf dem Markt stehen [4] und sprach zu ihnen:
Geht ihr auch hin in den Weinberg; ich will euch geben, was recht ist.
[5] Und sie gingen hin. Abermals ging er aus um die sechste und um die
neunte Stunde und tat dasselbe. [6] Um die elfte Stunde aber ging er aus
und fand andere und sprach zu ihnen: Was steht ihr den ganzen Tag
müßig da? [7] Sie sprachen zu ihm: Es hat uns niemand eingestellt. Er
sprach zu ihnen: Geht ihr auch hin in den Weinberg. [8] Als es nun Abend
wurde, sprach der Herr des Weinbergs zu seinem Verwalter: Ruf die
Arbeiter und gib ihnen den Lohn und fang an bei den letzten bis zu den
ersten. [9] Da kamen, die um die elfte Stunde eingestellt waren, und jeder
empfing seinen Silbergroschen. [10] Als aber die ersten kamen, meinten
sie, sie würden mehr empfangen; und auch sie empfingen ein jeder sei-
nen Silbergroschen. [11] Und als sie den empfingen, murrten sie gegen den
Hausherrn [12] und sprachen: Diese letzten haben nur eine Stunde gear-
beitet, doch du hast sie uns gleichgestellt, die wir des Tages Last und
Hitze getragen haben. [13] Er antwortete aber und sagte zu einem von
ihnen: Mein Freund, ich tu dir nicht Unrecht. Bist du nicht mit mir

einig geworden über einen Silbergroschen? [14] Nimm, was dein ist, und
geh! Ich will aber diesem letzten dasselbe geben wie dir. [15] Oder habe ich
nicht Macht zu tun, was ich will, mit dem, was mein ist? Siehst du
scheel drein, weil ich so gütig bin? [16] So werden die Letzten die Ersten
und die Ersten die Letzten sein.

Herr Drewermann, für das Verständnis des Gleichnisses sollte man am Anfang noch einmal festhalten, was Sache ist: Die ersten Arbeiter für den Weinberg beginnen mit der Arbeit um 6 Uhr in der Frühe. Die nächsten kommen um 9 Uhr – drei Stunden später. Und dann kommen welche um 12 Uhr und es kommen noch einmal welche um 15 Uhr und die letzten kommen erst um 17 Uhr, um jetzt einmal moderne Zeitangaben zu benutzen. Das heißt, die letzten kommen erst eine Stunde vor Beendigung der Arbeit. Es gibt also insgesamt, wenn ich richtig gezählt habe, fünf Gruppen von Arbeitern, die zu unterschiedlichen Zeiten in den Weinberg geschickt worden sind.

Und man muss sich für die Ausgangslage auch klarmachen, dass man in Galiläa zur Zeit Jesu wohl mit einem hohen Bestand an Arbeitslosen zu rechnen hat. Bei der Latifundienwirtschaft, die da herrscht, gibt es einen großen Überhang an Arbeitskräften, und dann gibt es die saisonal bedingten Aufträge wie zum Beispiel bei einem Großgrundbesitzer, der über Weinberge verfügt, und bei der Hitze des Sommers steht nur eine bestimmte Zeit für die Ernte zur Verfügung. Wird in diesem Zeitraum die Ernte nicht eingebracht, werden die schönen Trauben auf den Weinstöcken zu Rosinen werden. Das erklärt, dass er jetzt, stoßweise, von der Straße zu holen sich bemüht, was irgend da herumsitzt, möglichst viele. So erklärt sich überhaupt der ganze Ablauf, und dass ihm auch noch Leute am späten Nachmittag recht sind.

Natürlich »stehen« die da nicht, wie es griechisch formuliert ist, die *sitzen* da herum, und der Herr des Weinbergs tut so, als wenn er es ihnen zum Vorwurf machen könnte. Aber es sind Tagelöhner, Leute, die von der Hand in den Mund leben und die bis zu dieser

Stunde noch niemand gebraucht hat. Und festzuhalten ist auch, dass, wenn der Arbeitstag erfolgreich verläuft, der Herr dann reichen Gewinn haben wird. Er kann es sich aus seiner Sicht leisten, mit der Entlohnung großzügig zu sein. Und an dieser Stelle beginnt die Geschichte spannend zu werden.

Sie weisen darauf hin, dass es buchstäblich Tagelöhner sind, die auf dem Marktplatz herumsitzen. Ist es richtig, dass es nach dem mosaischen Gesetz Vorschrift war, dass solche Leute jeweils noch am Abend desselben Tages ausbezahlt werden mussten?

In Deuteronomium 24,14-15 wird so verfügt: Die Leute, die arbeiten, müssen am gleichen Tag entlohnt werden. Man muss sich das so vorstellen, dass – wie es noch heute in arabischen Ländern nicht selten ist – Menschen arbeiten ohne eine vernünftige Essensration. Sie gehen erst mit dem Geld, das sie am Abend bekommen, einkaufen für ihre Familien, ein paar Fladenbrote, eine Zuckermelone oder ein paar Datteln, etwas, von dem man leben kann. Es muss täglich neu verdient werden. Deshalb heißt es auch im »Vaterunser«, bei Matthäus im 6. Kapitel: Unser Brot *für morgen* gib uns heute. Es wäre unendlich viel gewonnen, wenn man wüsste, wovon man morgen leben könnte. Und wenn das geregelt wäre, sähe schon alles besser aus. Es ist für die Leute hier ein Glücksspiel: Entweder kommt jemand und gibt ihnen Arbeit, oder sie haben keine, und das bedeutet dann Hunger für sie und die ganze Familie. Es ist eine Lage, die in den Tagen Jesu in Galiläa gang und gäbe war. Wichtig aber ist: Jesus geht es überhaupt nicht um die soziale Dimension der Verhältnisse; es geht bei dieser religiösen Parabel – wieder einmal – um die Stellung des Menschen zu Gott. Wenn dieser Unterschied einmal klar ist, müssen wir das Bild, das Jesus im sozialen Umfeld entwirft, einmal ganz wörtlich nehmen.

Aber können wir nicht zuerst noch mal festhalten, was wirklich geschieht, damit wir die religiöse Deutung dann umso besser verstehen!

Bis zu dem Zeitpunkt, da mit der Auszahlung des Lohnes begonnen wird, läuft ja offenbar alles normal im Weinberg. Aber was dann auffällt, ist, dass der Herr dem Verwalter die Anweisung gibt, er solle mit der Auszahlung bei den zuletzt Gekommenen anfangen. Das ist schon eine ungewöhnliche Reihenfolge. Man würde doch vermuten, zuerst bekämen die ihren Lohn, die zu frühester Stunde gekommen sind.

Es muss so erzählt werden, vorausgesetzt, dass die Pointe so beabsichtigt ist. Es beginnt ja damit, dass die zuletzt Gekommenen die Entlohnung bekommen, die den Arbeitern, die morgens um 6 Uhr angetreten sind, zugesagt wurde: der volle Tarif für einen ganzen Arbeitstag, nämlich einen Silbergroschen. Daraus folgt, dass die Leute, die als Erste angefangen haben, zu rechnen beginnen: Die haben eine Stunde gearbeitet, wir haben zwölf Stunden gearbeitet. Wenn die nun einen Silbergroschen bekommen, müssten wir zwölf Silbergroschen erhalten. Und was ist mit denen, die um 15 Uhr angefangen haben? Die bekommen auch nur einen Silbergroschen – und da werden sie misstrauisch und merken langsam, dass sie alle über einen Kamm geschoren werden, und das bringt sie nun gegen den Herrn auf. Im menschlichen Verständnis von Gerechtigkeit scheint vollkommen klar zu sein: Was dieser Weinbergbesitzer hier macht, ist grob ungerecht gegenüber den Leuten, die voll gearbeitet haben.

Aber doch nur in den Augen dieser Leute! Sie bekommen doch genau den Lohn ausgezahlt, der am Morgen – vor Beginn der Arbeit – mit ihnen vereinbart wurde.

Ja klar, der Mann hält sich an den Tarif, der abgemacht wurde. Er hat den Leuten, die erst später kamen, überhaupt nichts versprochen. Er hat nur gesagt: Geht auch ihr in den Weinberg; ich will euch geben »was recht ist«. Aber die Maßstäbe stimmen nicht. Man müsste jetzt entsprechend rechnen: Ein Silbergroschen geteilt durch 12, dabei käme so wenig raus, dass man nicht mal ein Fladenbrot dafür kaufen könnte. Die Leute, die für nur eine Stunde Arbeit anteilsmäßig

»gerecht« entlohnt würden, hätten für den nächsten Tag nicht genug zum Leben, das ist das Entscheidende. Und jetzt gibt es einen Arbeitgeber, der sich sagt: Ich bezahle die Leute so, dass sie davon leben können, und weil ich es mir leisten kann, also warum nicht?

Der Weinbergbesitzer orientiert sich nicht an der tatsächlich erbrachten Arbeitsleistung, sondern an den Bedürfnissen und der Bedürftigkeit des Menschen. Dazwischen verhandelt Jesus die größere Gerechtigkeit Gottes. Man muss denken, die Geschichte wird von ihm erzählt zu seiner eigenen Rechtfertigung. Das ist der übliche Vorwurf im Neuen Testament von seiten der Pharisäer und Schriftgelehrten, von seiten der superschlauen Orthodoxen, die ihm sagen: Du nimmst Leute auf ohne Vorleistung; du vergibst ihnen, ohne dass sie Reue und Buße getan haben; alle Forderungen des Gesetzes ignorierst du. Und die Antwort Jesu ist: Anders geht es doch überhaupt nicht. Ihr habt die Gesetze erfüllt, mag Gott euch dafür entlohnen. Die Frage ist aber, was ihr für Menschen seid. Und es zeigt sich sofort daran, ob ihr fähig seid zu Güte und Mitleid. Sonst stimmt etwas nicht bei euch. Entweder ihr lasst die anderen Menschen auch leben, dann könnt ihr euch weiter auf die Gerechtigkeit berufen. Oder aber ihr bleibt selbstgerecht und mitleidlos, dann wird Gott euch niemals mehr in seinen Weinberg lassen.

In Wittenberg kann man übrigens sehen, wie die Geschichte von den Weinbergarbeitern am Altar der Marienkirche, in der Luther gepredigt hat, zum Thema wurde. Es ist die Erfahrung, dass wir mehr oder minder alle Arbeiter der letzten Stunde sind und froh sein dürfen, dabei zu sein. Das muss noch gesagt werden – bei Matthäus, klingt das zumindest an –, dass wir allesamt, weil aus dem Heidentum genommen, Arbeiter in Gottes Weinberg sind, und dass wir als Christen in Wahrheit Juden sind. Alle sehr spät Berufene! Das liegt nicht mehr im Sinn des Gleichnisses Jesu, aber mit solchen Allegorien arbeiten die Evangelisten sehr gern.

Nach meinem Gefühl ist es so, dass man bei der Geschichte nicht genau weiß, auf wessen Seite man sich schlagen soll. Der Herr sagt zu einem der Protestierenden mit einem – wie mir scheint – jovial drohendem Unterton: »Mein Freund« oder wie Sie übersetzen: »Mein Lieber« –, um ihm dann die rhetorische Frage zu stellen: »Ist dein Auge böse, weil ich gut bin?« – oder wie es bei Luther heißt: »Siehst du scheel drein, weil ich so gütig bin?«

Die Perspektive, die dem Menschen gerecht wird, kann nicht die der Gerechtigkeit nach Lohn und Leistung sein. Und so handelt auch der Weinbergbesitzer. Deshalb gibt er den Leuten – ich wiederhole es – den vollen Lohn, als wenn sie den ganzen Tag gearbeitet hätten, damit sie das haben, was sie dringend brauchen. Am Anfang der Bergpredigt, im 5. Kapitel bei Matthäus, sagt Jesus: »Wenn eure Gerechtigkeit nicht größer ist als die der Schriftgelehrten und der Pharisäer, werdet ihr nicht in das Himmelreich kommen.« Etwas freier übersetzt: Wenn eure Vorstellungen von Gerechtigkeit sich nicht diametral unterscheidet von den Vorstellungen der Thorajuristen und der Moralphilosophen, werdet ihr nie wissen, wie ihr vor Gott wirklich dasteht. – Ich würde gerne Theologiestudenten einmal auf ein Thema lenken, das ich als sehr viel versprechend empfinde. Zu untersuchen wäre die Art, wie in der Bibel Gott den Menschen fragt oder in seinen Gleichnissen Jesus fragt. Es geschieht niemals, um etwas herauszufinden. Wenn Gott zum Beispiel Adam fragt: Wo bist du?, so geschieht das ja nicht, weil Adam sich so gut versteckt hat, dass Gott ihn nicht sehen kann. Die Frage, die Gott stellt, ist eigentlich diejenige, die der Mensch sich selber stellen müsste, um sich zu finden: Adam, wo bist du hingeraten? Und so ist es hier: Bist du etwa neidisch, weil ich gut bin? Das ist ein Angebot zur Selbsterkenntnis.

Nach diesem letzten Satz des Weinbergbesitzers setzt Jesus sozusagen noch eins drauf, indem er diesen Satz ins Allgemeine wendet. Er sagt nämlich: »So werden die Letzten die Ersten und die Ersten die Letzten sein.«

Das ist wieder nicht zum eigentlichen Gleichnis gehörend, sondern angehängt, ein Wort, dass isoliert umgelaufen ist, und auch an anderer Stelle vorkommt. Die Frage ist nur, wie man den Satz betont und wie man ihn für sich genommen versteht. Das ist nicht ganz einfach. Es könnte wirklich sein, dass Jesus gemeint hat, dass die Wirklichkeit Gottes die ganze Weltordnung auf den Kopf stellt. Da gibt es Leute in Macht und Ehren, aber was sind sie denn für Menschen? Und es gibt einen Bettler auf der Straße, der ein wunderbares Geschöpf Gottes sein kann. Könnte nicht die Umwertung aller Werte das sein, was wir zu lernen haben? Was ihr verachtet habt, das ist bei Gott ganz oben. Man kann sagen: Erste werden Letzte sein – das ist ein Drohwort. Man kann es auch anders sagen: Die Letzten werden die Ersten sein – dann sind wir bei den Seligpreisungen der Bergpredigt. Ganz sicher dachte Jesus aus dieser Perspektive der Allerletzten, der am Boden Liegenden, und die waren ihm allemal die Ersten. Wenn man sich in der Welt umschaut und sich fragt, auf wen sollte man zuerst zugehen, dann sind es diese Letzten.

Schön ausgelegt ist das in einem Mausoleum in Delhi, Mahatma Gandhi zu Ehren. Eine Gedenktafel ist da, die sinngemäß folgende Worte enthält: Wenn du hier stehst und dich fragst, was du tun sollst, so rufe dir den Menschen in Erinnerung, der deiner Hilfe am meisten bedarf. Frage dich, wie das, was du jetzt zu tun beabsichtigst, damit in Verbindung steht. – Also: Für dich sollten alle Letzten unbedingt die Ersten sein. Orientiere dich nicht daran, was du für Recht hältst, sondern wie du gerecht wirst den Bedürftigen.

Gibt es für den Menschen in der – wie wir zu sagen pflegen – modernen Industriegesellschaft eine Deutungs- oder Übertragungsmöglichkeit des Gleichnisses von den Arbeitern im Weinberg, wenn es um die Frage der angemessenen Entlohnung geht?

Es gibt Menschen, die arbeiten und arbeiten und können doch von dem Lohn, den sie bekommen, überhaupt nicht leben. Das zumindest ist ein Anspruchsrecht, dass Menschen, wenn sie arbeiten, einen

Mindestlohn bekommen, von dem sie leben können. Man kann nicht einsehen, dass die Leute für einen Tarif arbeiten, der den Unternehmern riesige Gewinne verschafft, aber weit unter Wert ist, und am Ende muss das Sozialamt – also der Steuerzahler – die Ausfälle an gerechtem Lohn ersetzen. Der Unternehmer verdient mithin doppelt an der Ausbeutung der Menschen und profitiert zusätzlich noch durch die Ruhigstellung des Sozialsystems. So darf es nicht sein, vor allem, wenn man sieht, wie hoch die Rendite und die Gewinne sprudeln. Man begreift nicht, wie in Bochum bei *Nokia* pro Arbeiter 90 000 Euro pro Jahr an Reingewinn erwirtschaftet werden konnten, ohne dass dieselbe Firma sich im Stande zeigt, sagen wir mal 40 000 Euro Jahreslohn an ihre Arbeiter zu zahlen. Und stattdessen erklärt man, ihr könnt ja für ein Zehntel des Lohns nach Rumänien gehen – ohne Frau, Kinder, Haus, Garten. Wir wollen ja gar nicht, dass Fachkräfte entlassen werden; ihr müsst nur die Wanderung des Kapitals zum rechten Standort mitmachen. Dies alles ist zynisch, und das kann so nicht durchgehen. Wir haben einen Wirtschaftsraum in der EU von über 400 Millionen Menschen, und wir brauchen dringend eine Politik, welche die Interessen der Arbeiterschaft in den zusammengewachsenen EU-Länden gegenüber dem Kapital stark macht.

Aber noch mal: Jesus hat sich nach allem, was wir im Neuen Testament lesen, nicht in unserem modernen Sinn als Sozialreformator oder als politischer Revolutionär verstanden. Darin unterscheidet er sich sehr von der Art, wie im Alten Testament die Propheten auftreten, wie zum Beispiel Amos oder Jesaja. Diese waren stark politisch und sozialkritisch engagiert. Das ist Jesus nicht. Er versucht, diese Spannung zwischen Juden und Römern, zwischen Juden und Samaritern, zwischen Großgrundbesitzern und Tagelöhnern durch eine vertiefte Einsicht in die Grundlagen der menschlichen Existenz zu beantworten. Wer einmal begriffen hat, wie arm wir im Grunde alle dran sind, der kann daraus nur eines folgern: einander in die Arme zu nehmen und gemeinsam durch diese Welt zu gehen, statt sie in eine Hölle zu verwandeln.

Vom verlorenen Schaf und der verlorenen Drachme

Lukas 15, 1-10

1 Es nahten sich ihm aber allerlei Zöllner und Sünder, um ihn zu hören.
2 Und die Pharisäer und Schriftgelehrten murrten und sprachen: Die-
ser nimmt die Sünder an und isst mit ihnen.
3 Er sagte aber zu ihnen dies Gleichnis und sprach: 4 Welcher Mensch ist
unter euch, der hundert Schafe hat und, wenn er eins von ihnen ver-
liert, nicht die neunundneunzig in der Wüste lässt und geht dem ver-
lorenen nach, bis er's findet? 5 Und wenn er's gefunden hat, so legt er
sich's auf die Schultern voller Freude. 6 Und wenn er heimkommt, ruft
er seine Freunde und Nachbarn und spricht zu ihnen: Freut euch mit
mir; denn ich habe mein Schaf gefunden, das verloren war. 7 Ich sage
euch: So wird auch Freude im Himmel sein über einen Sünder, der
Buße tut, mehr als über neunundneunzig Gerechte, die der Buße nicht
bedürfen.
8 Oder welche Frau, die zehn Silbergroschen hat und einen davon ver-
liert, zündet nicht ein Licht an und kehrt das Haus und sucht mit Fleiß,
bis sie ihn findet? 9 Und wenn sie ihn gefunden hat, ruft sie ihre Freun-
dinnen und Nachbarinnen und spricht: Freut euch mit mir; denn ich
habe meinen Silbergroschen gefunden, den ich verloren hatte. 10 So, sage
ich euch, wird Freude sein vor den Engeln Gottes über einen Sünder, der
Buße tut.

Herr Drewermann, beim Gleichnis vom verlorenen Schaf und der verlorenen Drachme handelt es sich, wie mir scheint, um ein Doppelgleichnis: Zweimal wird jeweils mit anderen Worten ein ähnlicher Inhalt erzählt. Aber ehe Jesus die beiden Gleichnisse vorträgt, erfahren wir, an wen er sich wendet, nämlich an die Pharisäer und Schriftgelehrten, die offenbar die »Lieblingsfeinde« Jesu sind und denen er am liebsten seine Lehre »um die Ohren schlägt«.

Es ist bei Lukas stärker noch als bei den anderen Evangelisten eine ständige Abwehrhaltung gegen die frommen und etablierten Kreise der zeitgenössischen Religion zu beobachten. In denen glaubt man Gott zu kennen, man hat ihn in ein bestimmtes Regelwerk gegossen. Man hat die Zäune ziemlich dicht gemacht, hinter denen sich die Ordentlichen aufhalten. Und alle, die sich an den Gesetzen nicht korrekt ausrichten, die werden verurteilt, auf die schaut man herab. Jesus hat nach allem, was wir im Neuen Testament lesen, diese Einstellung nie gebilligt, zum einen der Not der Menschen wegen, die jeder sehen und fühlen kann, zum andern – und wesentlicher noch – seiner Vorstellung von Gott wegen. Immer wieder versucht Jesus von einem Gott zu sprechen, der den Menschen nie verloren gibt, der ihn suchen geht, der ihn zurückbringen möchte und mit dem sich die Anmaßung, über andere Menschen zu Gericht zu sitzen, prinzipiell nicht vereinbaren lässt. Wie die Evangelien berichten, wird dieser Konflikt für Jesus zu einer Auseinandersetzung auf Leben und Tod. Wer den Ausgegrenzten nachgeht, wird selber ausgegrenzt; wer Partei ergreift für die Verfluchten, wird am Ende selber verflucht. Derjenige, der Gott als gütig schildert, wird am Ende auf höchst ungute Weise ermordet als Gotteslästerer. Dieser Konflikt wird nicht gelöst, nicht überbrückt – ganz im Gegenteil: Er treibt auf eine endgültige Klärung zu. Und da hinein gibt es eine Reihe von Gleichnissen, in denen Jesus seinen Standpunkt in Bildern zu verdeutlichen sucht.

Die beiden Geschichten vom verlorenen Schaf und der verlorenen Drachme sind bei Lukas tatsächlich ein Doppelgleichnis. Lukas hat die Geschichte von der Drachme als Sondergut hier eingefügt, völlig entsprechend der hebräischen Erzählweise, Dinge parallel in zwei Ansätzen zu variieren, aber gleichsinnig zu kommentieren. Entscheidend in der ersten Geschichte vom verlorenen Schaf ist der Appell an das normale menschliche Empfinden, mit dem Jesus seine Geschichte vorträgt. *Wer von euch* – das ist eine Anrede, die Jesus gegenüber seinen Gegnern oft gebraucht, im Grunde, um noch eine Art von Solidarität oder Verständnisgemeinschaft zu ermöglichen – *wer von euch* soll heißen: Niemand würde es doch anders machen als im folgenden Beispiel. Stellen wir uns einen Hirten vor, der eine große Herde hat – hundert Tiere sind relativ viele – und der damit durchs galiläische Bergland zieht. Es wird immer wieder vorkommen, dass einzelne Tiere sich von der Herde absondern. Und im Hebräischen bedeutet »sich absondern« zugleich *verloren gehen.* Wenn der Hirte nun feststellt, dass ein Schaf verloren gegangen ist, dann wird er den Weg zurückgehen, um das Tier zu finden. Es wird sich nicht sehr weit entfernt haben, es wird da irgendwo liegen, blöken und damit sogar Raubfeinde anziehen. Es ist in höchster Gefahr. Und anders als Ziegen hat es kein Heimfindevermögen; es kann da wirklich nur liegen und auf Hilfe hoffen. Kommt der Hirte nicht, ist das Schaf genau das, was der Name sagt: ein verlorenes. Würde der Hirte dem Tier nicht nachgehen, riskierte er nach und nach das Dahinschmelzen seines Bestandes. Es ist also absolut normal, dass er sich so verhält, wie hier erzählt. Und daran appelliert jetzt Jesus. Er will im Grunde sagen: Betrachtet doch mal die Leute, über die ihr den Stab brecht, die Zöllner und die Sünder, sie können doch überhaupt nicht anders. Und was ein Hirte tut mit einem Schaf, das solltet ihr Gott allemal zutrauen in Bezug auf die Menschen. – Man könnte nun aber noch sagen, dass die Erwartung im Raum steht: Wenn denn schon der Hirte sich die Mühe macht und das Tier sucht, dann wird er ihm mit dem Stecken doch wohl Beine machen, damit es zu den anderen Tieren aufschließt. Aber gerade so geht es nicht.

In der Geschichte, wie Jesus sie erzählt, ist das Schaf offenbar so entkräftet, dass der Hirte es tragen muss. Wörtlich heißt es bei Lukas, dass er sich das Tier »voller Freude« auf die Schultern legt.

Wir haben Abbildungen aus der Antike, die den Hirten mit einem Schaf auf der Schulter zeigen. Manche Herrscher lassen sich gerne als Hirten ihres Volkes darstellen. Wenn wir es von dem Punkt aus anschauen, auf den Jesus die Geschichte zutreiben lässt, so ist es die Vorstellung, dass Gott sich über *einen* Sünder, der umkehrt, unendlich mehr freut als über neunundneunzig, die der Umkehr nicht bedürfen. In dieser Anwendung des Gleichnisses wird noch einmal zum Ausdruck gebracht, dass den »Frommen«, den Schriftgelehrten und Pharisäern, das Verständnis für die Menschen fehlt, die sich anders verhalten. Es gibt in dieser Gesetzesfrömmigkeit keine Güte, es gibt lediglich die Reduktion auf eine Zwangsmoral, die ohne Gnade ist.

Ich möchte doch noch mal zum Inhalt des Gleichnisses kommen und zum Verhalten des Hirten. Der geht also in die Wüste, um das verlorene Schaf zu suchen, das er finden wird – oder auch nicht. Er riskiert dabei das Leben der anderen neunundneunzig Schafe – und würde sich damit ja insgesamt ruinieren.

Das müssen wir mit Hinweis auf die Landschaft und die Verhältnisse der damaligen Zeit kommentieren. Man nennt nicht umsonst Palästina das »fünfte Evangelium«, weil man die Dinge da sonnenklar sieht. Es ist natürlich keine Wüste im eigentliche Sinne, da kann man keine Schafe halten, es ist das Bergland. Das ist nicht gerade üppig begrünt, aber mit dem, was da zu wachsen vermag, sehr dorniges Gestrüpp mitunter, kommen Schafe immerhin zurecht. Sie ernähren sich kärglich, aber es ist möglich, einen Viehtrieb von hundert Tieren in diesem Gelände zu versorgen. Das ist das eine. Und zum zweiten: Der Hirt wird natürlich dafür gesorgt haben, dass die Tiere in einem Gatter unter freiem Himmel oder sogar in einer Stallung untergebracht werden. Er wird vielleicht auch jemanden haben, der ihm behilflich ist. Er wird ganz sicher nichts riskieren. Aber er würde alles riskieren, wenn es ihm egal wäre, was aus dem *einen* Tier wird. So ist ja auch Jesu Frage zu verstehen, die er am Anfang stellt: Wer von euch ...?

Was mir nicht ganz behagt, ist, dass wir die Mitteilung, dass die neunundneunzig Schafe »in der Wüste« zurückgelassen werden, einfach beiseiteschieben und sagen, das spielt sich im Bergland ab, wo es eigentlich ganz kommod für die Schafe ist. Im Text des Evangeliums steht das griechische Wort für »Wüste« – und so wird es ja auch generell übersetzt.

Man könnte auch von *Ödnis* sprechen, auch das wäre richtig übersetzt. »Wüste« steht zwar griechisch da, ist aber mehr als missverständlich. Vor allem: es geht ja nicht bei dem Gleichnis um den Aufenthaltsort der Schafe. Jesus will hier nur eine gemeinverständliche Szene abrufen. Und die Selbstverständlichkeit, die er auf der Sachebene herstellt, ist ja die Bedingung, das Ganze zu übertragen auf die Deutungsebene.

Und gerade in Bezug auf die Deutung habe ich noch ein Problem. Es heißt im Gleichnis, dass im Himmel mehr Freude sein wird über einen *Sünder, der Buße tut, als über neunundneunzig Gerechte. Aber das Schaf hat ja nicht Buße getan, es ist nicht aus freien Stücken zurückgekommen, sondern man lief ihm nach und trug es sogar auf den Schultern zurück zur Herde. Es hat doch selber gar kein Verdienst.*

Ganz richtig. Deshalb ist der Bußbegriff hier in das Gegenteil von dem verwandelt worden, was in aller Regel damit verbunden wird.

Die Erwartung der Orthodoxen, der Frommen, ist, dass ein Mensch selber zurückkehren muss aus eigener Kraft, und dass er Abbitte leistet, Wiedergutmachung schafft und dann, nach Ableistung aller Strafen, wieder akzeptiert wird. Davon ist die Rede wirklich nicht, weil das überhaupt nicht geht. Käme der Hirte nicht und trüge das Schaf zurück – es fände nie wieder zur Herde. Der Unterschied ist übrigens von Anfang an in den Evangelien gegeben. Johannes der Täufer tritt auf und spricht von Umkehr im Sinne von Buße. Das ganze Leben muss sich ändern, und dahinter steht das drohende Flammengericht, das er an die Wände der Welt gemalt sieht. Das ist zu verstehen noch im Rahmen der Gesetzesreligion als Abkehr von dem, was man Sünde nennt. So sollen Menschen sich bewahren können im letzten Augenblick vor der drohenden Strafaktion, die Gott über die Menschen, speziell über Israel, verhängen wird. Im 1. Kapitel bei Markus spricht Jesus genauso: Tut Buße, kehrt um, das Gottesreich hat sich genaht! Entscheidend aber ist, dass die Umkehr, das heißt die gesamte Änderung der Lebensvoraussetzungen nicht mehr disziplinär, moralisch, vom Willen her verordnet, im Sinne einer korrekten Selbstkontrolle verstanden wird. Die entscheidende Umkehr, wie sie im Sinne Jesu gemeint ist, besteht in dem Wandel von Gesetz zu Gnade, von Ethik und Moral auf der einen Seite zu Mitmenschlichkeit und Güte auf der anderen. Und davon ist hier die Rede. Natürlich kann das Schaf nicht von alleine zurückkommen, aber das Beispiel soll zeigen, dass schon die Erwartung auf selbständiger Rückkehr des Sünders vollkommen falsch ist.

Dann muss ich schauen, ob ich den zweiten Teil des Gleichnisses, den von der verlorenen Drachme, »richtiger« verstehe. Worin unterscheidet sich also das Schaf von der Drachme bzw. von dem Silbergroschen, wie das Geldstück in den Übersetzungen auch heißt?

Da die Drachme ein toter Gegenstand ist, kommen wir gar nicht erst in die Versuchung, uns über ihren Zustand oder ihre Befindlichkeit Gedanken zu machen. Das Moment in dem zweiten Gleichnis, das bei Lukas parallel zum ersten vom verlorenen Schaf gestellt wird, hat den entscheidenden Vergleichspunkt in der Freude, die im Himmel sein wird. Jesus will den Orthodoxen sagen: Ihr habt ja dauernd Gott im Mund und scheinbar auch im Herzen. Auf was für eine Weise aber? Da ist eine Frau, die eine Drachme verloren hat, das ist im Wert ungefähr ein Euro, wenn man das sehr hoch rechnet, 60 Pfennig wäre eigentlich korrekter in der alten Währung anzugeben. Es ist der Tagesverdienst, den manche Leute in Indien oder in Ceylon beim Teepflücken zum Beispiel heute noch haben. Was die Frau da verloren hat, scheint wenig, ist aber in ihrem Haushalt ganz entscheidend. Vielleicht hat sie auch einen Mann, der gar nicht erfahren darf, dass das Tagessalär gerade in einem Winkel des Wohnraums oder in irgendeiner Ritze im Fußboden verschwunden ist. Sie muss also unbedingt versuchen, die Münze wiederzufinden. Und sie macht das, was unter den Bedingungen der Zeit selbstverständlich ist: Sie zündet ein Licht an, weil der Raum fensterlos und entsprechend dunkel ist. Sie wird auch die Tür geöffnet haben, damit von draußen etwas Licht hereinkommt; dann wird sie einen Palmwedel nehmen und so lange auf dem Boden herumfuhrwerken, bis es klimpert. Viel mehr Möglichkeiten, etwas zu suchen und mit etwas Glück zu finden, gibt es nicht. Voraussetzung ist, sie hat die Drachme wirklich in der Wohnung verloren, nicht irgendwo auf der Straße. So einfach ist die Geschichte. Die Frau kann es sich nicht leisten, die Münze verloren zu geben. Und sie findet sie! Sie wird es nicht ihrem Mann erzählen, aber dafür abends am Dorfbrunnen, wenn sich die Frauen beim Wasserholen treffen, und alle freuen sich dann gemeinsam.

Im Himmel, so will uns Jesus sagen, wird Freude herrschen, wenn die verlorene Drachme – sprich: wenn ein Mensch – wiedergefunden bzw. zurückgeholt wird. Das ist der einfache Appell: Statt euch dauernd aufzuregen, dass hier Unrecht geschieht, dass Gottes Gesetze nicht genau erfüllt werden, statt dauernd moralisch entrüstet zu sein – ein Dauerthema in den Gleichnissen –, solltet ihr euch einfach mit anderen freuen! Aber da, wo Freude sein könnte, herrscht bei euch oft nichts als Verfinsterung und Rechthaberei.

Dass zwischen den beiden Gleichnissen eine gewisse Asymmetrie besteht, ist – wenn ich das also richtig verstehe – für die Auslegung nicht relevant. Bei Matthäus 18, 10-14 ist übrigens nur die erste Parabel in einer sich von Lukas auch unterscheidenden Fassung aufbewahrt.

Wir müssen uns hüten, Geschichten, die wirkliche Gleichnisse sind, in den *Details* auslegen zu wollen. Worum es geht, ist das Motiv, dass etwas verloren gegangen ist, dass es mit Fleiß und Hingabe gesucht wird und dass die Freude groß ist, wenn das Verlorene gefunden wird. Das soll sich jetzt übertragen auf das Bild des Verhältnisses von Gott und Mensch. Jesus sagt programmatisch bereits am Anfang seines öffentlichen Wirkens: Ich bin nicht gekommen, Gerechte zu berufen, sondern Sünder. Ein Arzt kommt nicht zu den Gesunden, sondern zu den Kranken. Und nach hebräischer Sprachlogik ist die Verneinung im ersten Satzteil identisch mit Exklusivität im zweiten Satzteil. Das soll heißen: Ein Arzt kommt doch *ausschließlich* zu den Kranken – und ich, Jesus, genauso.

Es ist eine Diskussion, die wir im 20. Jahrhundert geführt haben und die uns nicht loslässt bis in die Gegenwart hinein. Ich entsinne mich, wie Sigmund Freud Ende der zwanziger Jahre sein Resümee aus den psychoanalytischen Erfahrungen im katholischen Kulturraum Österreichs zog. Er meinte feststellen zu müssen, dass da eine Sprache von Gott herrscht und eine Regelhaftigkeit von Vorschriften, die überhaupt nicht die Entwicklung von Menschen im Sinn haben, sondern zu Recht im Verdacht stehen, zwangsneurotisch zu sein. Da sei vielmehr die Anpassung nach außen als die Identität im Inneren gewollt. Da werde mehr die Unterwerfung im Gehorsam gegenüber den kirchlichen Autoritäten verlangt, als einem Dialog untereinander zu fördern. Ein System, das immer schon weiß, wie Menschen zu sein haben, erlaubt nicht, dass Menschen wirklich frei leben. Das ist eine dramatische Debatte, deren Aktualität bis heute nicht aufgehört hat. Ich lese zum Beispiel, dass ein Mann wie Erik Prince, Gründer und Chef der Firma Blackwater in den USA, aus einer erzkonservativen katholischen Millionärsfamilie aus Michigan stammt und dass in seinem Verband, der schlimmsten Privatarmee der Welt, sich lauter fromme Christen sammeln: Katholiken und Protestanten, die aus dem »Bibelgürtel« und die Ultrakonservativen, die ganzen christlichen Fundamentalisten; sie sind für den Krieg, besonders für den im Irak, der muss ja sein gegen *das Böse* – so wie es diese Leute in ihrer heuchlerischen Moral definieren.

Vom verlorenen Sohn

Lukas 15,11-32

11 *Und er sprach: Ein Mensch hatte zwei Söhne.* 12 *Und der jüngere von
ihnen sprach zu dem Vater: Gib mir, Vater, das Erbteil, das mir zusteht.
Und er teilte Hab und Gut unter sie.* 13 *Und nicht lange danach sam-
melte der jüngere Sohn alles zusammen und zog in ein fernes Land; und
dort brachte er sein Erbteil durch mit Prassen.* 14 *Als er nun all das Seine
verbraucht hatte, kam eine große Hungersnot über jenes Land, und er
fing an zu darben* 15 *und ging hin und hängte sich an einen Bürger
jenes Landes; der schickte ihn auf seinen Acker, die Säue zu hüten.*
16 *Und er begehrte, seinen Bauch zu füllen mit den Schoten, die die
Säue fraßen; und niemand gab sie ihm.* 17 *Da ging er in sich und
sprach: Wie viele Tagelöhner hat mein Vater, die Brot in Fülle haben,
und ich verderbe hier im Hunger!* 18 *Ich will mich aufmachen und zu
meinem Vater gehen und zu ihm sagen: Vater, ich habe gesündigt gegen
den Himmel und vor dir.* 19 *Ich bin hinfort nicht mehr wert, dass ich
dein Sohn heiße; mache mich zu einem deiner Tagelöhner!* 20 *Und er
machte sich auf und kam zu seinem Vater. Als er aber noch weit entfernt war, sah ihn sein Vater, und es jammerte ihn; er lief und fiel ihm
um den Hals und küsste ihn.* 21 *Der Sohn aber sprach zu ihm: Vater, ich
habe gesündigt gegen den Himmel und vor dir; ich bin hinfort nicht
mehr wert, dass ich dein Sohn heiße.* 22 *Aber der Vater sprach zu seinen*

Knechten: Bringt schnell das beste Gewand her und zieht es ihm an und
gebt ihm einen Ring an seine Hand und Schuhe an seine Füße 23 *und*
bringt das gemästete Kalb und schlachtet's; lasst uns essen und fröhlich
sein! 24 *Denn dieser mein Sohn war tot und ist wieder lebendig ge-*
worden; er war verloren und ist gefunden worden. Und sie fingen an,
fröhlich zu sein.
25 *Aber der ältere Sohn war auf dem Feld. Und als er nahe zum Hause*
kam, hörte er Singen und Tanzen 26 *und rief zu sich einen der Knechte,*
und fragte, was das wäre. 27 *Der aber sagte ihm: Dein Bruder ist gekom-*
men, und dein Vater hat das gemästete Kalb geschlachtet, weil er ihn
gesund wieder hat. 28 *Da wurde er zornig und wollte nicht hineingehen.*
Da ging sein Vater heraus und bat ihn. 29 *Er antwortete aber und*
sprach zu seinem Vater: Siehe, so viele Jahre diene ich dir und habe dein
Gebot noch nie übertreten, und du hast mir nie einen Bock gegeben,
dass ich mit meinen Freunden fröhlich gewesen wäre. 30 *Nun aber, da*
dieser dein Sohn gekommen ist, der dein Hab und Gut mit Huren ver-
prasst hat, hast du ihm das gemästete Kalb geschlachtet. 31 *Er aber*
sprach zu ihm: Mein Sohn, du bist allezeit bei mir, und alles, was mein
ist, das ist dein. 32 *Du solltest aber fröhlich und guten Mutes sein; denn*
dieser dein Bruder war tot und ist wieder lebendig geworden, er war
verloren und ist wiedergefunden.

Herr Drewermann, das Gleichnis heißt allgemein: »Vom verlorenen Sohn«. Aber im Mittelpunkt steht eigentlich das anrührende Verhalten des Vaters. Insofern könnte es auch heißen: »Vom barmherzigen Vater«. Und dieses Gleichnis hat eine sehr klare Erzählstruktur mit zweimaligem Perspektivenwechsel: Zunächst wird das bisherige Leben des jüngeren Sohnes berichtet, dann der Fortgang der Dinge aus der Sicht des Vaters und im dritten Teil dann aus der Sicht des älteren Sohnes. Und noch etwas lässt sich sagen: Von allen Gleichnissen ist dieses das umfangreichste, und außerdem ist auffallend: Es besteht aus einer Fülle von direkten Reden.

Es ist wirklich ein wunderbar erzähltes Gleichnis, das auch heißen könnte: »Die Erzählung vom gütigen Vater und seinen zwei Söhnen«. Wenn man schon nach einer passenden Überschrift sucht, sollte man sie *so* formulieren, denn das Ende dieser Geschichte ist so wichtig wie das Steuerruder bei einem Schiff. Welchen Kurs es fährt, in welche Richtung man es auslegen soll, geht aus dem Ende hervor, so wie bei einer Kriminalgeschichte die Auflösung zum Schluss erst das Ganze verständlich macht.

Offenbar hatte Jesus Grund, seine Sympathie den Menschen gegenüber, die man als Sünder tituliert, noch einmal zu erläutern, und so ist ihm diese Geschichte eingefallen. Sie wirbt um Verständnis, und deswegen ist sie so eindringlich erzählt in der Perspektive des jüngeren Sohnes. Es muss der jüngere sein, weil der älteste Sohn nicht nur den Hauptanspruch auf das Erbe hat, sondern auch weil er vom Vater am meisten in die Pflicht genommen wird; er ist gewissermaßen der Prellbock für alles, was an elterlichem Ärger über die Kinder geschüttet wird. Dahinter hat es der zweite schon etwas leichter. Erstaunlich ist, dass dieser jüngere Sohn vermessen genug ist, sich zu Lebzeiten des Vaters den ihm zustehenden Erbanteil auszahlen zu lassen. Das heißt: Er löst sich völlig von der Familie; der Vater ist für den Sohn »gestorben« – und vielleicht aus verletztem Stolz der Sohn auch für den Vater. Sie sind für die Zukunft geschiedene Leute, ein für allemal. Man könnte sogar erwarten, dass die Auseinandersetzung so verlaufen ist: Du brauchst mir nie mehr unter die Augen zu kommen, nie mehr, hörst du! Wie der Vater gefühlt haben mag, erfahren wir erst viel später. Denn was Jesus zunächst erzählt, ist die Absetzbewegung dieses Sohnes. Er hat von seinem Vater einen erklecklichen Betrag bekommen, und damit geht er weit weg – »in ein fernes Land«, wie es heißt, gewissermaßen ans Ende der Welt, ganz sicher dahin, wo keine Juden mehr wohnen, denn später ist die Rede davon, dass er Schweine hüten muss.

Es gibt ja auch heutzutage junge Leute, die jede Bindung an ihre Familie aufgeben, die sich – wenn nicht äußerlich, im geographischen Sinne –, so doch innerlich von Vater und Mutter entfernen und für ihre Eltern zu »Verlorenen« werden.

Ich hatte einmal ein Gespräch mit einem lutherischen Pfarrer, der sehr darunter litt, dass, wenn er mit 13-/14-Jährigen im Konfirmandenunterricht war und sagte: Schlagt die Bibel auf!, sich dann ein Stöhnen geballter Langeweile im Raum erhob. So sagte er mir auch: Ich weiß nicht, wie man die Bibel noch predigen soll. Der Fehler, so habe ich ihm geantwortet, liegt wahrscheinlich darin, dass du immer schon weißt, was die Geschichte dir sagt, weil du sie kennst, und du liest sie vom Ende her. Aber: Auf dem Weg zu dir hin sah ich an der Bushaltestelle junge Leute, mit einer Flasche Alkohol neben sich, Mädchen, Jungen, ein paar Hunde. Bei solchen Straßenkindern könnten wir lernen, was in diesem jungen Mann vor sich geht, der in dem Gleichnis sein Elternhaus verlässt. Du möchtest allen sagen: Ihr habt einen Vater, der euch nie aufgibt. Und glaubt nur, Gott lässt euch nie allein, und ihr könnt immer zu ihm kommen. So einfach ist es aber nicht. Die Frage stellt sich erst einmal, warum die jungen Leute an der Bushaltestelle heute Nacht sehr ungemütlich schlafen werden, denn wahrscheinlich werden sie nicht nach Hause gehen. Offenbar empfinden sie die geforderte Anpassung, den Gehorsam und die Verspießerung als so unerträglich, dass sie da nur noch raus wollen. Man muss da weg, unter allen Umständen. Es ist nicht Trotz, nicht Stolz, nicht Hochmut, es ist einfach eine Unerträglichkeit. Kann man sich nun nicht vorstellen, dass junge Menschen auch den Konfirmandenunterricht so empfinden, dass die ganze Religion und ihre Ausübung als langweilig, öde, ritualisiert, ohne jede Vitalität empfunden wird! Man kann, denke ich, verstehen, dass viele junge Leute sich und die Welt anders erleben wollen, dass sie nicht »fremdbestimmt« sein wollen – in der Hoffnung, ihre Freiheit zu finden und ihr Glück zu machen.

In unserem Gleichnis wird berichtet, dass der jüngere Sohn in der Fremde sehr unglücklich wird. Nachdem er sein Vermögen durchgebracht hat, bricht auch noch eine Hungersnot aus. Am Ende muss er sich als Tagelöhner verdingen und – es wurde schon gesagt – Schweine hüten.

Das ist besonders beschämend und erniedrigend, denn Schweine gelten ja bei den Juden als unreine Tiere. Seine Situation ist indes so schlimm, dass er neidisch wird auf die Schweine, die wenigstens ordentlich gefüttert werden, und gern hätte er sich »den Bauch vollgeschlagen von den Schoten, von denen die Schweine fraßen« – doch niemand gab ihm welche! Da überlegt er: Er war doch mal der Sohn eines Vaters, der begütert ist. Selbst die Knechte auf dessen Hof sind besser gestellt als er, der vor Hunger umkommt. Und dann spricht er: Ich will zu meinem Vater gehen und ihm sagen: Ich habe gesündigt gegen den Himmel und vor dir; ich bin nicht mehr wert, dein Sohn zu heißen. Mit diesem Schuldeingeständnis, das er Wort für Wort sich vorsagt, um es parat zu haben, wenn es darauf ankommt, macht er sich auf den Weg.

An dieser Stelle der Erzählung dreht sich der Scheinwerfer, und es wird berichtet, wie der Sohn über den Hügel kommt und der Vater ihn sieht. Jetzt würde man bei einem Teil der Zuhörer zumindest erwarten, dass sie voller Schadenfreude sind, dass sie den Vater schon sagen hören: Jetzt erteile ich meinem Sohn die Strafe für seine Undankbarkeit. Ich werde ihn bei mir aufnehmen, aber er soll es bei mir schwer haben, dann wird er begreifen, wie ich gelitten habe unter seinem Verhalten. Jetzt werde ich mich als die väterliche Autorität in Respekt und Würde darstellen: – Was Jesus wirklich erzählt, ist etwas ganz anderes, ungeheuerliches: Da ist ein betagter Orientale, der seinem Sohn entgegeneilt. Er wartet nicht ab, bis der Sohn zu ihm gekommen ist; er läuft ihm entgegen und fällt ihm um den Hals. Und statt irgendein Wort des Vorwurfs sieht er nur, mit was für schmutzigen Füßen und durchgelaufenen Sandalen und welch einem verschlissenen Kleid er vor ihm steht. Als erstes stellt der Vater die Würde seines Sohnes wieder her, indem er ordentliche Kleider und Schuhe und einen Ring für die Hand bringen lässt. Die Freude des Vaters ist übergroß, denn er hat seinen Sohn wiedergefunden. Dessen Schuldeingeständnis hört er gar nicht an. Es soll alles wieder so sein wie früher. Das ist das ganze Bemühen dieses Vaters, denn so begründet er es: Dieser mein Sohn war tot und lebt wieder; er war verloren und ist wiedergefunden!

Vielleicht kann man sagen, dass damit auch der Vater eine Chance bekommt, sich dem Sohn begreifbar zu machen. Hätten wir es nur mit diesen beiden zu tun, wäre die Sache in sich geschlossen. Aber nun geht die Geschichte weiter, und es findet ein weiterer Perspektivenwechsel statt.

Ja, wie ich schon sagte: Das Steuerruder bewegt das Schiff jetzt in eine ganz andere Richtung. Von der Rückkehr des Bruders und von dem Freudenfest, das inzwischen begonnen hat, erfährt der ältere Sohn, als er vom Feld nach Hause kommt. Und der macht nun seinem Vater Vorwürfe, ganz ähnlich wie die Arbeiter im Weinberg von der ersten Stunde. Ich habe, sagt er, immer meine Pflicht getan, ich habe mich immer um Haus und Hof gekümmert; ich tat immer, was du wolltest, aber für mich gab es nie ein Fest, und erst recht wurde für mich kein gemästetes Kalb geschlachtet. Die Antwort des Vaters ist nun sehr bezeichnend: Du hattest alles, was du brauchtest, und lag es wirklich an mir, dass es vielleicht für dich so freudlos war? – Wie Jesus hier erzählt, ist sehr geschickt. Er lässt den älteren Sohn sagen: Jetzt, wo dieser da kommt, dein Sohn, der dein Geld verprasst hat, da musst du ihm gleich ein großes Fest ausrichten. Dass dieser jüngere Sohn sein Geld mit Dirnen durchgebracht hat, ist gar nicht erzählt worden; das ist nur in der Phantasie des älteren Sohnes vorhanden.

Also das, was Sigmund Freud eine »Projektion« nennen würde. Es könnte schon sein, dass der ältere den jüngeren Bruder im Inneren beneidet: dass er bedauert, nicht auch von zu Hause weggegangen zu sein, und dass er sich in seinen sexuellen Phantasien wünscht, er hätte auch einmal ein so wildes Leben wie der Bruder führen können.

Es geht darum, sich mal hineinzuversetzen in die Menschen, die so anders handeln, und nicht neidisch zu sein auf ein Glück, das überhaupt nicht existiert, allenfalls virtuell. Wäre es nicht möglich, meint Jesus, ihr lerntet das Gutsein einfach durch die Güte – und die belohnte sich dann von alleine! Ihr müsstet dann nicht den anderen übel nehmen, was sie getan haben. Diese Aussage steckt in dem Angebot des Vaters, der selber herausgeht zu dem älteren Sohn, um ihm sein Verhalten zu erklären: Ich musste mich doch freuen, denn dein Bruder ist wiedergekommen! Er sagt nicht einmal »mein Sohn«, sondern »dein Bruder«. – Wir erfahren übrigens nicht, was der ältere Bruder nach der Ansprache des Vaters gemacht hat, ob er hineingegangen ist, um mitzufeiern, oder aber es vorgezogen hat, draußen zu bleiben und weiter mit dem Vater zu hadern.

Es gibt übrigens auch ein kurzes Prosastück des Schriftstellers Robert Walser aus dem Jahre 1917, in dem dieser die biblische Parabel ironisiert und sozusagen gegen den Strich bürstet. Da heißt es in Bezug auf den älteren Sohn: »Der nie Fehler begangen hatte, würde vielleicht auch ganz gern einmal armer Sünder gewesen sein. Unter so holden Umständen verlorner Sohn zu sein, war ja geradezu ein Genuss, doch der Genuss blieb ihm ein für allemal versagt.«

Das liegt gewiss mit daran, dass man unter Sünde vor allem moralische Übertretungen verstanden hat. Wenn aber Jesus von Sünden redet, geht es nicht darum, ein Gebot zu übertreten, hier oder da etwas falsch zu machen. Es geht um den Verlust des eigenen Seins, um Daseinskonflikte, die keine Auflösung mehr haben, das heißt: die Betrachtung ist viel tiefer, tiefenpsychologisch und existenzphilosophisch weit unterhalb der moralischen Schwelle, auf der wir glauben, selber Entscheidungen zu treffen und dabei die moralische Skala des Rechtbehaltens vor Augen haben. Was Jesus hier schildert, ist eine Daseinstragödie in der Geschichte der Selbstverwirklichung. Und umgekehrt bleibt dann die Frage: Wie möchtest du denn selber als der ältere Sohn leben, dass es wirklich stimmt? Warum muss Religion immer freudlos sein? Warum dürfen eigene Wünsche darin keinen Platz haben? Warum muss sie asketisch verknöchert sein, immer mit Strafe unter dem Titel der Gerechtigkeit agierend? Warum gelten Verstehen, Güte, Barmherzigkeit schon als ein Aufweichen in den Augen der Frommen und Gerechten? Es ist schwer zu begreifen. Diese Geschichte hier möchte die Hand ausstrecken über die Zäune und Hecken hinweg.

Ich würde zum Schluss doch gern noch etwas zum Verhalten des Älteren sagen. Hat nicht mancher von uns schon Ähnliches erlebt: dass man sich zurückgesetzt fühlte in der Familie, dass Bruder oder Schwester bevorzugt wurden ohne Grund und Verdienst – oder gar im Gegenteil? Ich kann verstehen, dass im Herzen des älteren Bruders ein Stachel ist, aber um sich anders zu zeigen, müsste er wohl über seinen Schatten springen und sich mit den anderen freuen, ohne dass er sich gezwungen fühlte.

Genau das möchte Jesus, dass die Religion nicht als ein Zwangssystem begriffen wird, und genau das wäre zu lernen. Der Psychoanalytiker Erich Fromm meinte, die gesamte Lehre Jesu möchte den Patriarchalismus der verfassten Religion ins Matriarchale wenden, wodurch letztlich ausgesagt wird, dass mit Patriarchalismus eine Gerechtigkeitsvorstellung einhergeht, die nach Lohn und Strafe, nach Verdienst und Missverdienst arbeitet und einen Menschen nur akzeptiert, wenn er bestimmte Vorleistungen erbracht hat. Männer sind tatsächlich geneigt, so zu verfahren. Und von Frauen – Müttern insbesondere – denkt man, dass sie ihre Kinder in die Arme schließen, nicht weil sie schon irgendetwas geleistet hätten, sondern allein für die Tatsache, dass sie existieren. Und so auch freut sich Gott darüber, dass es uns gibt, denn genau das hat er doch gewollt. Ich stimme Erich Fromm zu, dass mit der Botschaft Jesu diese Umwandlung von patriarchaler Härte in matriarchale Offenheit einhergeht. Was hier anklingt am Ende dieses Gleichnisses, spricht sich einmal aus in einem Wort Jesu, das lautet: Die Zöllner und die Sünder gehen vor euch in das Himmelreich. Mit »euch« sind die Pharisäer und die Schriftgelehrten gemeint. Das Problem ist: das »vor euch« – so steht das im Griechischen da – macht keinen Sinn, denn es geht nicht darum, dass die Reihenfolge der Prozession zum Himmel geändert wird. *Vor euch* soll heißen: »vor eurer Nase her«, nämlich vor euch weg; die kommen mit Sicherheit in den Himmel, ihr aber nicht – wenn ihr euch nicht ändert. Und das ist in aller Härte das, was dem älteren Sohn gesagt wird: Es liegt jetzt an dir, was du tun wirst: ob du dich mit freuen kannst an der Seite deines Vaters und zusammen mit deinem Bruder – oder ob du dich verweigerst und starr bleiben willst in deinem Herzen.

Vom Pharisäer und vom Zöllner

Lukas 18, 9-14

9 Er sagte aber zu einigen, die sich anmaßten, fromm zu sein, und verachteten die andern, dies Gleichnis: 10 Es gingen zwei Menschen hinauf in den Tempel, um zu beten, der eine ein Pharisäer, der andere ein Zöllner. 11 Der Pharisäer stand für sich und betete so: Ich danke dir, Gott, dass ich nicht bin wie die andern Leute, Räuber, Betrüger, Ehebrecher oder auch wie dieser Zöllner. 12 Ich faste zweimal in der Woche und gebe den Zehnten von allem, was ich einnehme. 13 Der Zöllner aber stand ferne, wollte auch die Augen nicht aufheben zum Himmel, sondern schlug an seine Brust und sprach: Gott, sei mir Sünder gnädig! 14 Ich sage euch: Dieser ging gerechtfertigt hinab in sein Haus, nicht jener. Denn wer sich selbst erhöht, der wird erniedrigt werden; und wer sich selbst erniedrigt, der wird erhöht werden.

Herr Drewermann, die Beispielerzählung vom Pharisäer und dem Zöllner ist eines der kürzesten Gleichnisse überhaupt. Vielleicht wäre es gut, am Anfang nochmal festzuhalten, warum diese beiden »Berufsgruppen« so eine denkbar schlechte Presse hatten, zumindest – was die Pharisäer angeht – in den Augen Jesu, und was die Zöllner betrifft, in den Augen der jüdischen Bevölkerung. Wie ist das zu verstehen.

Wenn im Neuen Testament von der Gruppe der Pharisäer kritisch gesprochen wird, haben Theologen ihre Schwierigkeiten, weil die Gruppe der Pharisäer nach dem Untergang Jerusalems im Jahre 70 n. Chr. zur Ausgangsbewegung für die religiöse Neuorganisation wurde, zu einer zukunftsbestimmenden Kraft für das Überleben des Judentums. Deswegen besteht, sobald von Pharisäern die Rede ist, leicht die Gefahr, dass sich jüdische Kreise mitverurteilt fühlen, weil sie in großen pharisäischen Gesetzeslehrern ihre eigenen Wurzeln erblicken. Manchmal wird auch gedacht, dass die ganze Spannung zwischen Pharisäern und Schriftgelehrten auf der einen Seite und der Person Jesu auf der anderen reprojiziert sei aus späteren Zeiten. Ich glaube, dass das Neue Testament nicht unrecht tut, wenn es die Auseinandersetzungen aus der Zeit und dem Leben Jesu schildert, weil es überhaupt nicht um eine bestimmte historische Gruppierung geht. Es ist ein Konflikt, der in jeder Religion zu jeder Zeit besteht. Erst wenn das klar ist, erst wenn wir die Pharisäer nicht im Judentum oder in der Vergangenheit suchen, sondern in den gegenwärtigen Religionsstrukturen oder in uns selber, wird dieser Konflikt in gewissem Sinne existenziell gültig und womöglich auch historisch gerecht bewertet. Pharisäer waren damals der Zahl nach nicht gerade reich vertreten; man schätzte sie in den Tagen Jesu auf ungefähr zehntausend Leute. Aus dem Hebräischen übersetzt heißt das Wort: die Ausgesonderten. Und sie waren auch etwas Besonderes: eine Art Elitegruppe mit der Fähigkeit, das Denken der Zeit tief zu prägen. Und ihre extreme Gesetzestreue wird in vielen Beispielen geschildert. Wie üblich gibt es auch Gegenbeispiele, aber in den Geschichten des Neuen Testaments, zum Beispiel in der Sabbatfrage, wird der Buchstabe absolut gesetzt, so wie es heute noch bei den Orthodoxen in Jerusalem der Fall ist.

Und was ist nun mit den Zöllnern und deren Stellung in der damaligen Gesellschaft? Der Hauptpunkt ist ja wohl, um es vereinfachend zu sagen, dass sie für die römische Staatskasse Steuern eintrieben, deren Höhe pauschal festgeschrieben war. Und um dabei selbst einen guten Schnitt zu machen, setzten sie nach Gutdünken eigene Tarifaufschläge fest.

Sie halfen damit der römischen Besatzungsmacht und gerieten dadurch doppelt in Verruf. Einmal, dass sie ständig Kontakt haben mit den Heiden, das ist in gewissem Sinne nicht koscher; zweitens arbeiten sie dem politischen Gegner in die Hände; und zum Dritten: Sie sind eben deshalb keine ordentlichen Patrioten. Sie haben damit die Zeitgenossen massiv gegen sich. Die Patrioten in Israel träumen von der Ankunft des Messias, gehen zum Teil in die Berge Galiläas, um die römische Nachhut zu überfallen und einen Kleinkrieg anzuzetteln. Patriotismus und Gottesdienst ist für diese Leute ein und dasselbe, und die Gesetzestreue stabilisiert den Unterschied zwischen einem ordentlichen Juden und einem Heiden an jeder Stelle. Insofern ist der Konflikt zwischen Pharisäern und Zöllnern historisch absolut glaubwürdig. Die politischen Implikationen sind aber für Jesus nicht wichtig. Es geht ihm nicht darum, ob Zöllner schlechte Menschen sind, weil sie für die Römer arbeiten. Um sich die Situation eines Zöllners in den Tagen damals begreiflich zu machen, muss man sich einen Mann denken, der in einer verwickelten Lage lebt, aus der er kaum herauskommen kann, jedenfalls nicht durch Aufgabe der Lebensform, in der er sich befindet. Er würde arbeitslos, er könnte seine Familie nicht mehr ernähren, wenn er die Einnahmen aus der Zollpacht nicht mehr hätte; er ist bei der Bevölkerung verhasst und bekäme wohl nicht die Chance, etwas anderes zu tun. Für moralische Konflikte solcher Art bietet sich eine antithetische Form der Betrachtung an. In dem Pharisäer sieht Jesus einen Mann, der sich ganz sicher glaubt, mit Gott auf Du und Du zu stehen. Er hat alles getan, was Gott verlangt, was das Gesetz vorschreibt, und Gott ist mit ihm. Sein Gebet im Tempel lautet ungefähr so wie der Anfang des Gebetbuchs Israels, der Psalter: »Glücklich der Mann, der seinen Sitz bei den Rechtschaffenen hat. Er ist wie ein Baum, gepflanzt an Wasserquellen; was er macht, das gerät wohl. Nicht so die Gottlosen …«

Worte wie diese, aus dem 1. Psalm, könnten dem Pharisäer glatt über die Lippen gehen. So denkt er, so fühlt er, so ist seine Frömmigkeit. Nun haben wir es in der Geschichte aber gleichzeitig mit einem Zöllner zu tun, der darunter leidet, so zu leben, wie er lebt, dass er es anders aber nicht vermag. Er kann in der Zwickmühle, in der er sich befindet, nur zum Himmel beten um Vergebung, nicht für etwas, das er aktuell getan hat, sondern für die ganze Art seiner Lebensführung, von der er nicht sieht, wie er sie aufgeben soll. Wenn Jesus nun sagt, dass dieser Zöllner, der Gott um Vergebung bittet, gerechtfertigt nach Hause geht, sprengt das die gesamte Vorstellung vom jüdischen Gesetz mit seinen stets nur bedingungsweisen Gnadenakten, die es Gott zutraut. Wenn Jesus dann noch sagt: Jener andere, der Pharisäer, geht *nicht* gerechtfertigt nach Hause, ist damit der Umsturz aller religiösen Verhältnisse eingeleitet.

Alle Gleichnisse, die wir bisher hatten, waren vermittelnde Brücken zwischen den beiden Uferseiten des Jordan sozusagen. An dieser Stelle wird nicht mehr vermittelt, sondern klargestellt. Es ist nicht nur, dass Jesus Partei ergreift für die Verachteten und Verlorenen, für die »Falschen«, sondern es geht so weit, dass hier die Absage an die ewig »Richtigen« im Namen Gottes ausgesprochen wird. Die Pharisäer müssen wissen, dass sie Gott nicht im Rücken haben, ganz im

Gegenteil. Sie verstehen Gott nicht, sie verstehen sich selber nicht, sie verstehen die Menschen nicht; was eigentlich verstehen sie in ihrer aufgeblasenen Selbstgerechtigkeit?

Das sind harte Worte in Bezug auf die Pharisäer. Eingangs sind Sie, wie ich finde, dieser Gruppierung und ihren Vertretern gerechter geworden.

Es gilt festzuhalten, dass *der Pharisäer* hier als Typus gesehen ist, der sich wesentlich am Gesetz orientiert, die Thora genau auszulegen weiß, dessen Gesetzesfanatismus und Selbstgerechtigkeit eben als »typisch« angesehen werden. Es gab auch ganz außerordentliche pharisäische Gesetzeslehrer, wie Rabbi Hillel, mit dem Jesus sich gut verstanden haben könnte; er war ja fast noch sein Zeitgenosse. Man muss diese religiöse Gruppe differenziert betrachten. Aber, ich betone es noch einmal: Wir haben es im Neuen Testament wirklich zu tun mit einer antithetischen Typologie. Und wir müssten – auch das sei noch mal gesagt – den »Pharisäer« in uns selber suchen.

Man könnte in Bezug auf die historischen Pharisäer noch ergänzen, dass sich deren Lehre in einer »mündlichen Thora«, über die fünf Bücher Mose hinaus, weiterentwickelt hat und dass ihnen auch die Auferstehung und die Erwartung des Jüngsten Gerichts wesentlich sind.

Deshalb dankt der Pharisäer in unserem Gleichnis auch Gott, dass er ihn in seinem irdischen Leben davor bewahrte, zu einem Räuber, Betrüger oder Ehebrecher zu werden. Oft denke ich an die Interpretation, die Dostojewski – nach meiner Meinung einer der Autoren, die die Botschaft Jesu am tiefsten überhaupt verstanden haben – in seinem großen Roman *Schuld und Sühne* gegeben hat. Da beschreibt er den verlorenen Alkoholiker Marmeladow, der noch vor kurzem die Chance bekommen hat auf eine Neueinstellung, sogar auf eine Vorauszahlung. Seine lungenkranke Frau und seine Kinder glauben, es beginne nun ein neues Leben. Aber es dauert nur ein paar Tage, bis alles wieder durchgebracht ist. Er hat seine Tochter als

Dirne angeboten, und an dem Morgen, an dem diese Geschichte spielt, sitzt er mit seinen letzten Kopeken in der Kaschemme und verflucht und hasst sich selbst. Er fühlt sich so wie manche Menschen, die nur noch trinken, um ihre Scham, ihre Schande zu vergessen, die sich aber vergrößert, indem sie sich so verhalten. Es gibt aus diesem Teufelskreis überhaupt kein Entrinnen. Aber dann sieht er eine Szene vor sich, die ganz dem Sinne Jesu entspricht. Marmeladow stellt sich vor, wie es sein wird, bei der Ankunft des Gottesreichs. Dann wird Jesus den Guten und Gerechten sagen: Geht ein in die Hallen, die ich euch bereitet habe. Und danach wird er sagen: Jetzt kommt auch ihr her: Räuber, Betrüger, Ehebrecher, Illegale, Huren, Säufer, kommt her auch ihr! Dann werden die Gerechten und die Guten sagen: Aber Herr, warum berufst du auch sie? Und er wird ihnen antworten: Weil kein einziger von denen je hat glauben können, dass er dessen würdig sei. Jesus schaut eben nicht auf die äußeren Handlungen, sondern auf das Herz des Menschen.

Der letzte Satz der Erzählung vom Pharisäer und dem Zöllner wirkt wieder wie angehängt. In allgemeiner Form heißt es da: »Wer sich selbst erhöht, wird erniedrigt werden; und wer sich selbst erniedrigt, wird erhöht werden.« Aber von einer Selbsterniedrigung des Zöllners kann eigentlich keine Rede sein, und wir hören auch nichts davon, ob er anschließend Umkehr und Buße tut.

Es wird im Lukas-Evangelium noch von einer anderen Begebenheit mit einem Zöllner berichtet. Ausnahmsweise wird uns sogar mal sein Name genannt: Zachäus. Jesus geht in die Stadt Jericho hinein und entdeckt jemanden, der auf einen Baum geklettert ist, um Jesus sehen zu können, »denn er war klein von Gestalt«. Und demonstrativ erklärt ihm Jesus, dass er diese Nacht bei ihm verbringen werde, das heißt: Er macht sich solidarisch mit einem Zöllner! Und wieder kann man sich den Kommentar der Umstehenden denken, der Rechtschaffenen und Frommen: Er müsste doch wissen, dass das Vermögen des Zöllners unrechtmäßig erworben wurde. Wie kann er nur bei einem solchen Mann einkehren! Das entscheidende ist, dass Jesus diesem Zöllner die Freiheit und damit die Möglichkeit gibt, über sich uns sein Leben nachzudenken.

Der Zöllner Zachäus tut an diesem Abend eine Art Schwur: Die Hälfte von seinem Vermögen wird er den Armen geben, und wem er zuviel genommen hat, dem wird er es vierfach zurückgeben. Und niemals mehr will er sich privat bereichern. Das impliziert, dass er seinen Beruf weiter ausüben wird. Anders geht es gar nicht. Oft sind Menschen in einer Lage, aus der sie nicht herauskönnen, ohne das Unrecht, in dem sie sich befinden, noch weiter zu vermehren. So ähnlich ist es hier.

Um das zu verdeutlichen, erzähle ich einen Fall, den ich kenne: Ein Mädchen, mit 18 Jahren noch Schülerin, wird schwanger von einem bei der katholischen Kirche Angestellten. Der Vater des Kindes ist verheiratet mit einer Schwerbehinderten. Was ist jetzt zu tun? Wenn sie sagt, woher das Kind ist, bricht die Ehe dieses Mannes auseinander, und die Schwerbehinderte wird – nachdem sie schon mehrere Selbstmordversuche unternahm – wahrscheinlich schon aus lauter Verzweiflung erfolgreich ihrem Leben ein Ende setzen. Das kann man nicht verantworten. Eine Heirat ist ohnedies ausgeschlossen. Dass sie selber, wenn sie das Kind zur Welt bringt, nicht geheim halten kann, woher es ist, ist genauso sonnenklar. Dass sie ihre Ausbildung abbrechen müsste, um mit 19 alleinerziehende Mutter zu werden, ist die zu erwartende düstere Zukunft. Ihre Eltern werden das alles nicht verstehen und sich wahrscheinlich von ihr abwenden. Mit einem Wort: Sie kann sich drehen und wenden, wie sie will, ihre Lage scheint hoffnungslos …

Ich habe die junge Frau später mal wieder getroffen. Sie hatte das Kind damals abgetrieben und war inzwischen Mutter von zwei Kindern – und sie war glücklich mit ihrem Leben!

In der Literatur finden sich Geschichten dieser Art gar nicht so selten. Ich denke da zum Beispiel an die »Geschichten aus dem Wiener Wald« von Ödön von Horváth, auch wenn es sich da etwas anders verhält.

In dem »Volksstück«, wie Horváth es genannt hat, wird von einem Mädchen erzählt, der Marianne, die unehelich schwanger ist von dem Stutzer Alfred, der sie nur benutzt und aushält. Eine Szene spielt in der Kirche, im Stephansdom. In der Bank sieht man Marianne knien und beten: Lieber Gott, ich bin im 8. Bezirk geboren, ich hab' die Schule besucht, ich bin doch kein schlechter Mensch. Was hast du mit mir vor, lieber Gott? – Zuvor hat sie versucht, die Beichte abzulegen, aber der Beichtvater hat ungefähr so zu ihr gesprochen: Du hast deinem armen Vater, der doch immer nur dein Bestes wollte, Leid und Schande angetan. Du hast ein Kind von jemandem, der nicht einmal dein eigener Mann ist, empfangen im Zustand der Todsünde. Tut dir das wenigstens leid? Marianne stammelt: Wie soll es mir denn leid tun, es ist doch mein Kind; das kann ich doch nicht bereuen. Der Beichtvater sagt ihr darauf: Dann geh! Und komme erst mal mit dir ins Reine, ehe du vor unseren Herrgott trittst.

Was Ödon von Horváth schreibt und im Herzen der Menschen bewirkt, ist, dass man als Zuschauer auf Seiten der Marianne steht, und ganz sicher nicht auf der des Stutzers Alfred, nicht auf der des sadistischen Vaters, nicht auf der des bigotten Schlachtermeisters Oskar, schon gar nicht auf der Seite der Großmutter, die das Kind umbringen wird, um es aus der Welt zu schaffen. Am Ende spielt dann ein Orchester die *Geschichten aus dem Wienerwald* von Johann Strauß. Katholizismus in Aktion, walzerselig und verlogen, hier in der Form schrecklicher Wiener Gemütlichkeit.

Vom barmherzigen Samariter
Lukas 10, 25-37

25 Und siehe, da stand ein Schriftgelehrter auf, versuchte ihn und
sprach: Meister, was muss ich tun, dass ich das ewige Leben ererbe? 26 Er
aber sprach zu ihm: Was steht im Gesetz geschrieben? Was liest du? 27 Er
antwortete und sprach: »Du sollst den Herrn, deinen Gott, lieben von
ganzem Herzen, von ganzer Seele, von allen Kräften und von ganzem
Gemüt, und deinen Nächsten wie dich selbst.«
28 Er aber sprach zu ihm: Du hast recht geantwortet; tu das, so wirst du
leben. 29 Er aber wollte sich selbst rechtfertigen und sprach zu Jesus: Wer
ist denn mein Nächster?
30 Da antwortete Jesus und sprach: Es war ein Mensch, der ging von
Jerusalem hinab nach Jericho und fiel unter die Räuber; die zogen ihn
aus und schlugen ihn und machten sich davon und ließen ihn halbtot
liegen. 31 Es traf sich aber, dass ein Priester dieselbe Straße hinabzog;
und als er ihn sah, ging er vorüber. 32 Desgleichen auch ein Levit: als er
zu der Stelle kam und ihn sah, ging er vorüber. 33 Ein Samariter aber,
der auf der Reise war, kam dahin; und als er ihn sah, jammerte er ihn;
34 und er ging zu ihm, goss Öl und Wein auf seine Wunden und ver-
band sie ihm, hob ihn auf sein Tier und brachte ihn in eine Herberge
und pflegte ihn. 35 Am nächsten Tag zog er zwei Silbergroschen heraus,
gab sie dem Wirt und sprach: Pflege ihn; und wenn du mehr ausgibst,
will ich dir's bezahlen, wenn ich wiederkomme.

36 *Wer von diesen dreien, meinst du, ist der Nächste gewesen dem, der
unter die Räuber gefallen war?* 37 *Er sprach: Der die Barmherzigkeit an
ihm tat. Da sprach Jesus zu ihm: So geh hin und tu desgleichen!*

Herr Drewermann, wenn Jesus das Gleichnis erzählt, nämlich zunächst von diesem Schriftgelehrten, der sich an ihn herangemacht hat und der ihm nach einem kurzen Dialog die Frage stellt: »Wer ist denn mein Nächster?«, dann habe ich den Eindruck, dass das eine Fangfrage ist, weil der das eigentlich gar nicht wissen will.

Die Frage ist nicht ganz eindeutig zu beantworten, wenn es heißt, der Gesetzeslehrer wollte Jesus prüfen. Man meint damit im rabbinischen Umgangsaramäisch, er stellt eine *Kasche*, das heißt: er gibt ihm ein Problem auf. Natürlich liegt darin auch eine Probe auf den Sachverstand dessen, den man befragt. Aber es muss nicht unbedingt so sein, wie an manchen Stellen im Neuen Testament, dass man Anklagepunkte gegen Jesus sammelt. Wenn der Mann sagt: »Was muss ich tun, um ewiges Leben zu erben?«, dann zeigt er damit, dass er an ein Leben nach dem Tode glaubt. Und da ist es wichtig, wie man die paar Jahrzehnte hier auf Erden verbringt. Maßstab für richtig und falsch ist selbstverständlich das Gesetz, und das verordnet im 3. Buch Mose, man solle den Nächsten lieben wie sich selbst. Diese Übersetzung müsste man im Alten Testament ein Stück genauer wiedergeben, als sie im Griechischen des Neuen Testaments lautet. Man müsste sagen: Trage ein menschliches, liebevolles Verhalten deinem Nächsten an! Gemeint ist damit nicht: Du musst zuerst dich selber lieben, um den anderen lieben zu können. Das ist zwar psychologisch richtig, geht aber viel weiter. Die goldene Regel, die in vielen Religionen gilt, heißt: Behandle den Anderen so, wie du selber behandelt werden möchtest! Unklar bleibt tatsächlich, wer in der Bibel mit *dem Nächsten* gemeint ist. Im hebräischen Wortlaut des mosaischen Gesetzes ist das der Volksgenosse. Und dann kann man wieder überlegen: In welcher Nähe oder Entfernung ist er denn mein Nächster? Ist das ganze Volk gemeint, oder sind das erst mal die Sippenangehörigen, oder von wem ist hier die Rede? Wie kann man juristisch den Begriff präzisieren? Das steckt womöglich hinter der Frage des Gesetzeslehrers. Und wieder ist das Bemerkenswerte an der Antwort Jesu, die er mit der Geschichte vom barmherzigen Samariter gibt, dass damit das gesamte Denken in kasuistischen Begriffen ausrangiert wird. Wer *der Nächste* ist, ergibt sich aus der Situation, die Jesus hier schildert. Und das tut er auf eine Weise, die noch viel weiter geht als die Geschichte vom Pharisäer und vom Zöllner.

Das eigentliche Gleichnis beginnt ja erst bei Vers 30. Und wenn man die Geschichte zum ersten Mal liest, hat man damit kein Problem. Ich selber sah dabei jedenfalls keinen »Stolperstein«. Ein Mensch fällt unter die Räuber, er bleibt am Wege verletzt liegen; ein anderer Mensch kommt vorbei und hilft ihm. Das ist doch nun das Selbstverständlichste an Mitmenschlichkeit und Nächstenliebe, zumindest an praktischer Hilfeleistung ohne Ansehen der Person.

Das Problem liegt darin, dass Jesus sich hier nicht so sehr mit dem Schriftgelehrten auseinandersetzt, sondern seine Frage ist im Grunde: Welch eine Erlaubnis zur Menschlichkeit hat man in der verfassten Religion? Deren amtlicher Vertreter wäre doch der Priester, der sich von Berufs wegen auskennt in dem Willen Gottes, der als Religionsbeamter von früh bis spät Vorschriften, die einzuhalten sind, unterliegt. Er ist die Modell- und Musterausgabe der Frömmigkeit schlechthin – sollte man denken. Die Frage muss natürlich heißen: Wie findet man Gott? Der Schriftgelehrte fragte: Wie kommt man dahin, das ewige Leben zu erlangen? Wer so fragt, wird von der Kirche wahrscheinlich belehrt werden, dass die Frage berechtigt ist, aber dass du, mein lieber Christ und Katholik, dir nicht selber zutrauen darfst, sie zu beantworten. Du hast nicht Theologie studiert, du hast nicht drei tote Sprachen gelernt – Lateinisch, Griechisch und Hebräisch –, du hast nicht Jahre damit zugebracht, das ganze kirchliche Lehrgebäude zu erforschen. Halte dich also an die Leute, die es wissen müssen und dafür zuständig sind, denen musst du glauben.

Um uns jetzt wieder der von Jesus erzählten Beispielgeschichte zuzuwenden: Die Szene beginnt damit, dass ein Mensch von Jerusalem nach Jericho hinab geht. Jerusalem liegt auf einem Hochplateau und der Weg zu dem etwa 25 Kilometer entfernten Jericho führt tatsächlich »hinab«. Unterwegs fällt der Mann unter die Räuber, und die lassen ihn halbtot liegen. Als erster kommt nun ein Priester an dieser Stelle vorbei –

und zwar ebenfalls auf dem Weg von Jerusalem nach Jericho, offenbar nach Verrichtung seines Tempeldienstes. Er hat seine Pflicht getan, und nun ist er guten Mutes und freut sich auf sein Zuhause. Er sieht den Schwerverletzten am Wege, aber was wird er tun? Es ist ihm laut Gesetz verboten – 3. Buch Mose, Kapitel 21 –, dass er einen Toten berührt; das darf er nicht, das macht ihn kultisch unrein. Wie nun, er näherte sich dem Schwerverletzten –: Der könnte ja sterben in dem Moment, in dem er ihn verbindet, und dann wäre das Gesetz gebrochen. Das ist der Konflikt, in dem er steckt. Er geht vorbei, nicht einfach weil er unmenschlich wäre, sondern weil er dem Gesetz gehorchen will. Seine Frömmigkeit ist von solcher Art, dass er sich nicht gestattet, Mitleid zu haben und barmherzig zu sein.

Ich stelle mir vor, dass die Jünger am Abend zu Jesus gesagt haben: Du tust der Priesterkaste Unrecht. Sie sind nicht alle so. Bei uns im Dorf haben wir einen ganz vernünftigen Priester. Du pauschalierst, du bist ungerecht. Außerdem, die Leute sind doch nicht unwichtig, du verdirbst dir den Erfolg in eigener Sache, du musst wenigstens differenzieren. Und Jesus wird gesagt haben: Natürlich gibt es ganz vorbildliche Priester, das leugne ich nicht. Das Problem liegt auch nicht in den Personen, es liegt im System. Dieser Priester kann es so gut meinen, wie er will. Er hat schon als Kind schon gelernt, was im mosaischen Gesetz steht, und das hat ihn begleitet, bis er Priester wurde. Er hat gar nicht den Spielraum, es zu übertreten. Nicht weil er ein schlechter Mensch wäre, sondern weil er ein frommer und gesetzestreuer Priester sein will, hat er den Konflikt. Und deshalb will ich euch jetzt mal fragen: Wo glaubt ihr denn, dass man Gott findet? Der Priester weiß das, er hat ihn längst gefunden – im Tempel nämlich. Und er hat ihn anwesend gemacht durch die Opfer, die er dargebracht hat; er hat ihn gegenwärtig gesetzt durch die Rituale, die er vollzogen hat, durch die heiligen Gebete, die er gesprochen hat, durch die Opfergaben, die er entgegennahm. Was denkt ihr nun, wo Gott wirklich zu finden ist, und haltet ihr den Priester für glaubhaft, wenn er vorbei geht an einem Menschen, der schwer verletzt am Wege liegt?

Als nächstes kommt ein Levit an der Stelle, wo der Verletzte liegt, vorbei, doch auch er kümmert sich um diesen nicht. Der Levit hätte den Halbtoten berühren dürfen, weil die strengen Reinheitsvorschriften für ihn nicht gelten. Er hätte also vom Gesetz her mehr Spielraum gehabt.

So ist es. Leviten kommen aus dem »Stamm Levi«, der Überlieferung nach. Sie sind Tempelangestellte, aber sie sind nicht im Priesterrang. Sie gehören zum inneren Kreis des Tempels, aber sie sind nicht im formellen Sinne Priester. Insofern könnte der Levit nach dem Gesetz tun, was eigentlich ein Mensch tun sollte in dieser Situation: dem Verletzten helfen. Die Möglichkeit dazu hätte er schon, aber innerlich hat er sie nicht, weil er sich an der Priesterschaft und deren Verhalten orientiert. Das ist die Gefahr aller Leute, die fromm und gottesfürchtig sein möchten und sich nach einem fremden Vorbild richten.

Wenn die Geschichte bis dahin schon gefährlich läuft, so erfährt sie noch eine Steigerung, denn als Dritten holt Jesus einen Samariter auf die Bühne dieses Erzählstücks. Für uns sind das heute Leute vom Samariter-Hilfsdienst, nette Leute von nebenan. In den Tagen Jesu waren Samariter etwas völlig anderes. Seit einem halben Jahrtausend waren Juden und Samariter religiös verfeindet. Der Grund: In den Tagen des Propheten Haggai beim Wiederaufrichten des Jerusalemer

Tempels nach der babylonischen Gefangenschaft, um das Jahr 520 v. Chr., hatte man die Samariter nicht beteiligt – und seitdem waren beide Gruppierungen, die Judäer und die Samariter, auseinander. Die Samariter begreifen nicht, warum Gott unbedingt in einem Tempel wohnen soll, zu dem sie keinen Zugang haben. Gott ist doch nicht der Tempelgefangene eurer Priester! Und die Juden verstehen nicht, warum die Samariter behaupten, Gott wohnt, wo er will, zum Beispiel auf dem Berge Garizim. Die Auseinandersetzungen haben sich niemals abgeschwächt, bis heute nicht. Ich kenne jüdische Theologen, die erklären, die paar hundert Samariter, die es im modernen Israel noch gibt, seien völlig uninteressant, so wie ein untergehender Südseestamm.

In den Tagen Jesu waren die Auseinandersetzungen von dem Kaliber, dass die Samariter eine ungemein provokante Aktion inszenierten. Sie verstreuten auf dem Tempelplatz Totengebeine, um dann zu sagen: Wenn Gott so koscher ist, dann wird er jetzt selber unrein und flüchtig seines ständigen Aufenthaltsortes. Mit einem Wort: Wir haben alleine dadurch, dass wir Tote auf dem Tempelplatz verstreut haben, euren Gott vertrieben. Dass sich die Samariter mit solchen Aktionen nicht gerade beliebt gemacht haben, kann man sich denken. Der Hass zwischen den beiden Gruppen war grenzenlos; der Vergleich zwischen Katholiken und Protestanten in früheren Zeiten oder während des Kulturkampfes unter Bismarck ist harmlos gegenüber dem, was hier geschah. Wenn Jesus in seiner Erzählung nun ausgerechnet einen Samariter herbeiholt, ist das die totale Provokation. Er hat bis dahin schon die judäische Frömmigkeit abgewertet, indem er ihre Vorbildgestalt, den Priester, in Zweifel gebracht hat oder der Unmenschlichkeit überführt hat. Mit einem Samariter holt er das Hassobjekt schlechterdings auf die Bühne. Und was er sagen will, ist klar: Dieser Mann hat mit der Priesterfrömmigkeit nichts im Sinn und trägt den ganzen Tempeldienst nicht wie ein Brett vor dem Kopf. Aber das macht ihn frei, seine Augen und sein Herz zu öffnen und seine Hände zu rühren. *Er* nun geht hinüber zu dem Verletzten und hilft ihm, so gut er irgend kann.

Über alle Völker und Religionen hinweg muss sich doch als Erkenntnis ergeben: Gott wohnt im Herzen jedes Menschen, der Menschlichkeit lebt. So wie die Not der Menschen übernational ist, wäre es ja auch möglich, dass Gott »übernational« ist. Und der Samariter gibt das richtige Vorbild ab, weil er all die Wahnideen, die für heilig und unantastbar gelten, nicht im Kopf hat. Es gibt eine Stelle im Johannes-Evangelium, in der man Jesus vorwirft: Sagen wir nicht mit Recht, dass du einen Teufel hast und ein Samariterfreund bist? Ein »Samariterfreund« – das ist so, wie als Bischof zu erklären, dass man die Linkspartei wählt. Es wäre doch darum zu tun, dass man nur wahre Menschen will, egal wie sich das politisch, kirchlich, dogmatisch oder sonst wie organisiert. Und typisch für Jesus: Wenn er eine Geschichte erzählt, mildert er sie niemals ab; sie erzählt sich so, dass sie immer noch weiter ansteigt, dass die Spannungsklimax identisch wird mit der Maximierung des Skandals, der darin liegt. Also wenn man nach einem Stolperstein sucht, dieser hier – das Gleichnis vom barmherzigen Samariter – ist wirklich einer.

Im Ganzen gesehen ist das wohl so. Ich stolpere aber noch über eine spezielle Sache, eine Diskrepanz oder Inkongruenz, wenn man so will. Am Anfang fragt der Schriftgelehrte: Wer ist mein Nächster? Auf Grund der Erzählung liegt es doch nahe, den Nächsten in dem Überfallenen zu sehen. Jesus dreht den Begriff jedoch um, indem er am Schluss die Frage stellt: Wer, denkst du, ist der Nächste gewesen dem, der unter die Räuber fiel? Und auf die so formulierte Frage antwortet der Schriftgelehrte folgerichtig: Derjenige, der die Barmherzigkeit an ihm getan hat.

Bezogen auf die Frage, die der Schriftgelehrte eingangs gestellt hat, muss er tatsächlich umlernen. Nach seiner bisherigen Perspektive war das so: Hier stehe ich, der das Gute tun will; da ist das Gesetz, das mir sagt, was das Gute ist. Und nun warte ich auf die Auslegung, die mir im Einzelfall sagt, was genau ich machen muss. Das ist egozentrisch und auch narzisstisch gedacht: Ich möchte ein guter Mensch sein, ich werde ein guter Mensch sein. Was Jesus schildert, ist genau das Umgekehrte: Kein Gesetz kann dir sagen, was im Einzelfall zu tun ist, wenn du es nicht selber im Herzen spürst. Wenn du dauernd hinter Autoritäten herläufst, die dir sagen, was du machen sollst, sage ich dir, dass alles falsch wird, was du machst, weil du nicht selber lebst, weil du deine Existenz ausklammerst und dich von außen dirigieren lässt. Umgekehrt musst du denken: Wer braucht mich am meisten? Und *dem* wirst du dann zum Nächsten! Im Gleichnis hat sich durch Jesu Fragestellung alles verändert.

Die Definition, die hier für den »Nächsten« gegeben wird, könnte also lauten: Dein Nächster ist, wer dir Liebe erweist, selbst wenn es ein Samariter ist. Zum Abschluss sagt nun Jesus zu dem Schriftgelehrten: Geh hin und tue desgleichen! Ob der Angesprochene dieser Aufforderung nachkam, weiß man nicht, ist aber auch ohne Bedeutung, denn gemeint sind ja wohl die Hörer oder Leser dieses Gleichnisses.

Und für alle gilt: Wenn einem das Gefühl nicht sagt, wie nahe einem jemand steht oder wie nahe man ihm kommen muss, damit es hilfreich wird, sagt es einem auch kein Gesetz. Es ist nicht mehr der Priester das Vorbild, es ist nicht mehr der Tempelkult das Wichtigste, und es ist eben auch nicht das Gesetz.

Man könnte das psychologisch noch vertiefen und sagen: Die Haltung, die Jesus möchte, ist eine aus der inneren Persönlichkeit und aus der Freiheit des Ichs stammende Verhaltensform. Was er nicht möchte, ist die Unterwerfung des Ichs unter die Knechtschaft eines Über-Ichs, das mit Gott verwechselt wird. Vaterautorität, Außenlenkung, Entfremdung bis in den inneren Bereich hinein – aus dieser Maschinerie müssen Menschen heraus! Und da liegt die Gefahr aller normierten, organisierten, justifizierten Frömmigkeit. Es ist eine Haltung, die – um Fehler zu vermeiden – ein absolutes Lehramt benötigt, ein Stellvertretertum Gottes auf Erden braucht, um die Angst zu beruhigen, man könnte etwas falsch machen. Die Tragik ist, dass Leute, die versuchen, niemals etwas falsch zu machen, dann alles falsch machen. Oft sagen solche Menschen: Ich habe nur getan, was ich tun sollte. Befehl ist Befehl. So könnte etwa ein Soldat sagen: Man hat mir gesagt: Ein Befehl ist dazu da, ihn auszuführen, da wird nicht diskutiert. Man hat mir befohlen, dass ich dieses Dorf unter Beschuss nehme. Was dabei geschah, hab doch nicht ich zu verantworten. Ich habe nur meine Pflicht getan, und ich habe ja auch Gehorsam gelobt und einen Eid geleistet. Man fragt sich, was denn das für Menschen sind, die sich einen Stahlhelm überschieben und dann aufhören zu denken, die sich eine Uniform anziehen und die Persönlichkeit an der Garderobe abgeben. Darf man Verbrechen aller Art begehen – und sich dabei auch noch auf Gott berufen? Und hinterher gibt es die Generalamnestie durch das System, das genau dieses Verhalten erwartet hat. Es kommt aber darauf an, wie man sich eigenverantwortlich verhält!

Ich will das mal konkret machen. Denken Sie sich Polizisten, die am Frankfurter Flughafen tätig sind und die Einreise von Schwarzafrikanern erleben. Dass das arme Schweine sind, sehen sie auch. Aber sie müssen sie zehn Tage in einer Isolationszelle unterbringen, die Familien trennen, warten, bis der Bescheid kommt, und dann: Gleich zurück! Abschieben nennen wir das. Dafür sind sie Polizisten, das ist ihr Job. – Dann haben wir jemanden in der Ausländerabteilung sitzen, hier in Paderborn. Was wird der tun? Da ist eine Familie, die wohnt hier seit fünfzehn Jahren, die Kinder sind hier zur Schule gegangen, die haben Deutsch als erste Sprache gelernt, aber sie gehören abgeschoben, befindet das Ausländeramt, weil wir ja dafür sorgen, dass man im Kosovo leben kann. Die Mitschüler demonstrieren, der Elternrat demonstriert, der Fall steht in der Zeitung. Der Mann auf dem Amt aber wird die Gesetze anwenden, in denen steht, was der Innenminister will, wie es in der EU alle Innenminister wollen: dass sie abgeschoben werden! Wir verändern doch nur ihren Wohnsitz, sie sollen froh sein, dass wir so nett waren, sie während des Krieges bei uns aufzunehmen. Also morgens um fünf wird die Polizei kommen. Man wird ihnen sagen: Ihr könnt ja noch Anträge stellen. Aber das wird unterlaufen, weil die Maschine in Düsseldorf längst bereit steht.

Es wäre wichtig, dass Menschlichkeit höher rangiert als behördliche Maßnahmen. Ich habe Kontakt mit Leuten, die Kurden Kirchenasyl gaben. Doch selbst die Pfarrer in der evangelischen Kirche – es waren fast die einzigen, die sich jahrelang dafür engagiert haben – verlieren den Mut, weil sie den Rückhalt ihrer Kirche nicht mehr haben. Die Amtskirche befürchtet, dass man ihr die Privilegien nehmen könnte, zum Beispiel den Einzug der Kirchensteuer durch den Staat, was ja bis heute praktiziert wird. So ein System wäre gewiss nicht im Sinne Jesu; es entspräche nicht seiner »Sprache«.

Zur Sprache im phonetischen oder linguistischen Sinn fällt mir noch folgende Begebenheit ein: Gestern Abend hier im Restaurant bediente mich ein junges Mädchen, mit dem ich beim Bezahlen kurz ins Gespräch kam. Es schien mir türkischer Herkunft zu sein, und ich fragte: Wo kommen Sie her? Sie antwortete: Aus Hövelhof. Das meinte ich aber gar nicht, sondern wo sie herstamme. Um das herauszufinden, habe ich gefragt: Was ist denn Ihre Muttersprache? Und sie antwortete: Aramäisch. Aramäisch! Ich sagte: Wissen Sie, dass Christus Aramäisch gesprochen hat in galiläischer Mundart? Sie antwortete, dass sie das wisse, denn sie sei syrisch-orthodox – und deshalb trage sie ja auch ein Kreuz. Ich dachte, dass es Aramäisch als Sprache gar nicht mehr gebe, es sei längst ausgestorben.

Nein, keineswegs. Aramäisch ist ein mannigfaltig gegliederter Zweig der semitischen Sprachen. Im syrischen Maalula zum Beispiel, einem kleinen Dorf, sprechen die Leute in ihrem Dialekt Altsyrisch, dem Aramäischen der Zeit Jesu ganz ähnlich. Und in der syrisch-orthodoxen Kirche ist die Sprache heute noch im Gebrauch. Auch die Thomas-Christen in Indien haben ihre Liturgie in dieser Sprache. – Der »ungläubige« Thomas, einer der zwölf Apostel, zeichnete sich übrigens durch selbstständiges Denken und entschlossenes Handeln aus, ein Mann, der sich auf Herz und Verstand verließ – und nicht auf irgendwelche geschriebenen Gesetze.

Vom reichen Prasser und dem armen Lazarus

Lukas 16, 19-31

19 Es war aber ein reicher Mann, der kleidete sich in Purpur und kost-
bares Leinen und lebte alle Tage herrlich und in Freuden. 20 Es war aber
ein Armer mit Namen Lazarus, der lag vor seiner Tür voll von
Geschwüren 21 und begehrte, sich zu sättigen mit dem, was von des
Reichen Tisch fiel; dazu kamen auch die Hunde und leckten seine
Geschwüre. 22 Es begab sich aber, dass der Arme starb, und er wurde
von den Engeln getragen in Abrahams Schoß. Der Reiche aber starb
auch und wurde begraben. 23 Als er nun in der Hölle war, hob er seine
Augen auf in seiner Qual und sah Abraham von ferne und Lazarus in
seinem Schoß. 24 Und er rief: Vater Abraham, erbarme dich meiner und
sende Lazarus, damit er die Spitze seines Fingers ins Wasser tauche und
mir die Zunge kühle; denn ich leide Pein in diesen Flammen. 25 Abra-
ham aber sprach: Gedenke, Sohn, dass du dein Gutes empfangen hast in
deinem Leben, Lazarus dagegen hat Böses empfangen; nun wird er hier
getröstet, und du wirst gepeinigt. 26 Und überdies besteht zwischen uns
und euch eine große Kluft, dass niemand, der von hier zu euch hinüber
will, dorthin kommen kann und auch niemand von dort zu uns herü-
ber. 27 Da sprach er: So bitte ich dich, Vater, dass du ihn sendest in mei-
nes Vaters Haus; 28 denn ich habe noch fünf Brüder, die soll er warnen,
damit sie nicht auch kommen an diesen Ort der Qual. 29 Abraham
sprach: Sie haben Mose und die Propheten; die sollen sie hören. 30 Er

aber sprach: Nein, Vater Abraham, sondern wenn einer von den Toten
zu ihnen ginge, so würden sie Buße tun. [31] *Er sprach zu ihm: Hören sie*
Mose und die Propheten nicht, so werden sie sich auch nicht überzeu-
gen lassen, wenn jemand von den Toten auferstünde.

Herr Drewermann, dieses Gleichnis ist merkwürdig und, wie ich finde, auch ungewöhnlich: Zum einen deshalb, weil die Geschichte im Totenreich spielt, und zum zweiten, weil sie hauptsächlich aus einem spannenden Dialog besteht. Daran beteiligt sind ein namenloser reicher Mann und Erzvater Abraham aus dem Alten Testament, während der arme Mann, der einen Namen hat, nämlich Lazarus, nicht zu Wort kommt. Ich tue mich etwas schwer mit dem Schluss der Geschichte und wie er gemeint ist.

Worauf es hinausläuft, ist unzweifelbar. Jesus will sagen: Menschen, die es fertigbekommen, das Leben auf ihre Weise zu genießen in Anbetracht dessen, dass andere vor ihrer Tür verrecken, die leben in der Hölle der Mitleidlosigkeit, im Feuer ihrer Gier, man könnte auch sagen: im Eisschrank ihrer Gefühlskälte. Solche Leute sind abgestorben in ihrer Existenz. Die Geschichte selber aber ist in der Tat merkwürdig, weil sie kein eigentliches Gleichnis ist, sondern ein Märchen. Es beginnt mit der Formel: Es war einmal…, und man kann auch zeigen, wo es herkommt. Es gab eine rabbinische Erzählung, die in etwa so geht: Es wurde ein Mann, der stets fromm und gottesfürchtig gelebt hatte, beerdigt mit einem Armenbegräbnis. Und es wurde ein reicher Mann und Wüstling mit großen Ehren beigesetzt. Das sahen die Schüler von Rabbi Maya und fragten sich, wie denn das vereinbar sein könnte mit der Gerechtigkeit Gottes. Und die Erklärung war diese: Der reiche Mann war nicht immer reich gewesen, sondern hatte sich hochgearbeitet, ein Emporkömmling, der aufgrund seines Geldvermögens dann zu den arrivierten Kreisen gehören wollte. Also gab er ein großes Gastmahl, um standesgemäß zu zeigen, wie hoch er gestiegen sei. Aber die Eingeladenen gaben ihm einen Korb. Das ist eine Geschichte, wie sie erzählt wird in dem Gleichnis vom großen Gastmahl. Der Man bleibt mit seinem Reichtum völlig allein. Und so geht er hin und lädt lauter Habenichtse ein, Leute aus einer Schicht, aus der er selber mal gekommen ist. Das war im Grunde die einzige gute Tat in seinem Leben, und die hat Gott ihm damit vergolten, dass er so ordentlich beerdigt wurde. Bei dem frommen Mann, den man so armselig bestattet hat, ist es umgekehrt. Die geringe Schuld, die er hat, wurde beglichen mit der Einfachheit seiner Beisetzung. Aber danach wird ihn ein großes Leben erwarten.

Diese zweigeteilte Geschichte kommt aus dem alten Ägypten. In meinen Augen ist sie ein guter Beleg, der zeigen kann, wie ägyptische Jenseitsvorstellungen – auch der Gedanke einer Gerechtigkeit nach Lohn und Strafe für gute und für böse Werke – ins Judentum einfließen und sich im Christentum fortsetzen. Nicht eigentlich das Alte Testament ist der Hintergrund dieses Glaubens, sondern sehr stark der Einfluss Ägyptens. Immerhin meint diese Erzählung noch, dass das Gesetz eigentlich genügen würde, um alles Wesentliche zu lernen. Wenn man sich das mosaische Gesetz, vor allem in pharisäischer Interpretation, vor Augen hält, ist der Glaube an ein ewiges Leben mitgegeben, und entsprechend sollte die Orientierung der Menschen hier auf Erden sein. Wer es aus dem Gesetz des Mose nicht lernt, deutet die Geschichte am Ende an, der wird es auch nicht begreifen, wenn große, spektakuläre Dinge passieren und Tote aus dem Grabe auferstehen.

In der ägyptischen Religion, vielleicht kann man das noch ergänzen, war es wohl so, dass von den Göttern Thot und Anubis eine Waage begutachtet wurde. Auf der einen Schale lag das Herz des Verstorbenen und auf der anderen die Feder der Maat, der Göttin der Wahrheit und der Gerechtigkeit. Und der Tote galt als gerechtfertigt, wenn die beiden Waagschalen im Gleichgewicht waren. Insofern muss das Herz des reichen Mannes – um das Bild auf unser biblisches Gleichnis zu übertragen – auf der Schale schwer gewogen haben, das heißt: seine Schuld auf Erden muss groß gewesen sein.

Im Gegensatz zu anderen Erzählungen ist hier ganz stark soziale Anklage im Spiel. Ein reicher Mann ist schon deshalb böse, weil er reich ist. Er muss seinen Reichtum ja von irgendwoher bekommen haben. In dieser Art dachte man im Volk damals und denkt man auch im Volk heute. Menschen, die ohne Skrupel ihren Reichtum genießen und soziale Verantwortung überhaupt nicht zu kennen scheinen, können keine guten Menschen sein. Was sollte jemand machen, der Geld im Überfluss hat, außer es denen zu geben, die es dringend brauchen? Aber selbst eine solche Hoffnung funktioniert ja nicht in unserem Wirtschaftsleben: Dass, wenn die Reichen endlich genug hätten, wie ein Topf, der langsam überquillt mit Milch auf der Kochflamme, der Reichtum dann herabflösse auf die unten Befindlichen, – ein solcher Effekt kommt nie zustande, weil in dem bestehenden Konkurrenzsystem der Reichtum nur endlos vermehrt werden kann, andernfalls wird jemand sofort auf der Überholspur kommen und ihn ausbremsen. Man kann, so ist die Vorstellung vieler, nur als Erster überleben – das bedeutet: Neodarwinismus als Sozialphilosophie.

Von solchen Zusammenhängen ist hier schon die Rede. Aber mir liegt sehr daran, die Auslegung davor zu bewahren, als hätte Jesus in dieser Geschichte die Hölle als Aussicht für die Verdammnis von Menschen gepredigt. Jesus hat sich dieser Bilder bedient, aber entscheidend ist, wie er die Vorstellung auslegt. In die Hölle kommen nach dieser Erzählung Menschen, die sich weigern, Mitleid zu haben, und die sich völlig im engen Kreis ihrer Luxuswelt eingerichtet und verpanzert haben. Die Leute, die in ihren großartigen Villen in Santa Monica sitzen und Bodyguards haben, ihre Privatarmee, um sich vor den Armen schützen zu lassen, mit Elektrozäunen und Wachhunden, damit sie unbehelligt ihren Reichtum genießen können, und nichts Wichtigeres zu tun haben, als darüber nachzusinnen, wie sie noch reicher werden können, – wenn man das sieht, versteht man die Wut, die in diesem Gleichnis auch liegt, den Impuls, dass Gott da mal dazwischenhauen möge. Was Jesus aber tut, ist etwas anderes. Das Bild von der Hölle verweist auf das Leben *vor* dem Tode. Die Frage

Jesu lautet: Kann man einen Menschen glücklich nennen, der so lebt, wie dieser Reiche? Er ist im Grunde einsam, und man kann auch unterstellen, dass er Angst hat und jeden Kontakt nach draußen fürchtet. In der Dritten Welt – oder schon in der Zweiten Welt, in Brasilien zum Beispiel – gibt es große, abgesperrte Gebiete, die man nur betreten kann unter höchsten Sicherheitsauflagen. Man traut sich gar nicht mehr raus, weil die Armen vor der Haustür gefährlich sind.

Das Schlüsselwort – Sie haben es genannt – heißt Angst. Der reiche Mann in unserer Erzählung, der den armen Lazarus in Abrahams Schoß sitzen sieht, muss in seinen Höllenängsten schreckliche Pein ertragen.

Das Erleiden von Durst und anderen Qualen verdeutlicht den Seelenzustand des reichen Prassers. Seine Gier ist nicht zu löschen; seine Zunge ist nicht zu kühlen. In der Hölle versucht der Reiche, Klarheit zu gewinnen, wie richtig zu leben gewesen wäre. Im Gesetz des Mose, das in dem Gleichnis angeführt wird, steht eine Menge, zum Beispiel dass Zinsnahme verboten ist, dass ein Tagelöhner am Abend zu bezahlen ist, dass nach sieben Jahren jemand, der in Schuldhaft ist, weil er zahlungsunfähig wurde, daraus entlassen werden muss, und zwar bei Tilgung aller Schuld. Stellen wir uns vor, wir hätten dieses Gesetz zwischen der Ersten und der Dritten Welt. Es wäre in seiner Wirkung außerordentlich: Nach sieben Jahren hätte Brasilien zum Beispiel seine gewaltigen Schulden getilgt; allein 40 Prozent des gesamten Bruttoinlandsproduktes müssen da nur für den Zinsdienst der Altschulden aufgebracht werden. Im mosaischen Gesetz steckt durchaus eine Menge Vernünftiges.

Ich will jetzt nochmal zu der Jenseitswelt zurück, in der die Erzählung ja spielt, und für den ehemals reichen Mann eine Lanze brechen: Er bekommt von Abraham eine Abfuhr, der ihm sagt, ich kann nichts für dich tun, und den Lazarus kann und will ich auch nicht senden. Aber dieser reiche Mann, der so große Pein erleidet, fleht: Ich habe noch fünf

Brüder. Schicke doch den Lazarus zu denen hin, dass er sie warnt, damit sie ein besseres Leben führen, als ich es getan habe, damit sie nicht an diesen Ort der Qual kommen, wo ich mich bereits befinde.

Was die Geschichte kennzeichnet, ist eigentlich die Umkehrung des Standpunktes. Der reiche Mann hat so gelebt, dass keinerlei Kontakt war zu den Menschen im Elend, die er nicht wahrhaben wollte. Sie existierten für ihn gar nicht. Und nun kehrt sich das in der Geschichte einfach um; die Kluft ist nicht zu überbrücken. Es ist ein *jus talionis* in ägyptischem Format: Er wird bestraft entsprechend dem Vergehen. Wer sich früher keinem Genuss zu versagen brauchte, für den wäre jetzt schon ein Tropfen Wasser eine unendliche Labung. Nun ist richtig: Der reiche Mann kommt darauf, nicht mehr nur an sich selber zu denken; er möchte nicht, dass seinen Brüdern ein Gleiches wird.

Die Geschichte erzählt sich ja auch als eine Warnung, aber die Auskunft Jesu ist an dieser Stelle: Es wird nicht gehen mit Magie und Wundern. Es gibt Leute, die an das Jenseits nur glauben, wenn man es ihnen demonstrieren würde. Wie oft hört man Leute sagen: Aus dem Jenseits ist noch nie jemand wiedergekommen. Weil es keine materiellen Beweise gibt, kann es das gar nicht geben. Fast alle Naturwissenschaftler, die sich mit Geist und Seele und Gehirn beschäftigen, belehren uns, dass es das auch nicht geben kann. Noch dieser Tage las ich von einem sich als bedeutend empfindenden Neurologen, dass es extrem unwahrscheinlich ist, dass es nach dem Tode etwas geben kann, weil ja geistige Tätigkeiten an neuronale Aktivitäten im Gehirn gebunden sind. »Extrem unwahrscheinlich« heißt: Es ist naturwissenschaftlich widerlegt. Man kann zwar nicht beweisen, dass es etwas *nicht* gibt, aber nach unseren wissenschaftlichen Methoden ist der Glaube an ein Leben nach dem Tode natürlich archaischer Unverstand. Wenn es so steht, brauchten wir wirklich ein Schlossgespenst. Wir müssten sehen, wie sich der Sargdeckel hebt und ein Untoter sich wieder verlebendigt. Irgendein Spuk wäre dann der Beweis des Religiösen. Was im Sinne des Gleichnisses hier auftritt, ist der Gedanke, dass ein Mensch, der versucht hat, so zu leben, wie es dem Willen Gottes entsprechen könnte, der sich eingelassen hat auf andere Menschen und der Mitleid gelernt hat, dass der eigentlich gar nicht umhinkommt, in einer Perspektive zu denken, die das irdische Leben weit übergreift.

Aber ich habe doch nun versucht, an dem reichen Prasser, der in der Hölle gelandet ist, etwas Positives zu finden. Sie haben schon zugestanden, dass er immerhin an seine Familie denkt, an seine fünf Brüder, die er vor den Qualen der Hölle bewahren möchte. Nach meinem Empfinden hat die Sorge um die Brüder etwas Rührendes, auch in Bezug auf sein Beharren gegenüber Abraham.

Die Frage ist eigentlich nicht mehr nach dem reichen Prasser, der hier in der Hölle sitzt, und dessen Bitten von Abraham abgelehnt werden. Auch die Erwartung, die man immer wieder an Jesus richtet, er solle ein Zeichen vom Himmel geben, er solle ein Spektakel anrichten, ein stupendes Wunder vorführen, wird von ihm zurückgewiesen. Das ist nicht nötig. Der Glaube an ein ewiges Leben beweist sich nicht dadurch, dass Tote wiederkehren. Das ist absolut nicht zu erwarten. Es gibt das mosaische Gesetz. Wir haben das in einer bestimmten Auslegungsform kritisieren müssen, aber hier wird deutlich gesagt: Es genügt, dass man sich daran hält, und man wird in ganz pharisäischem Sinne auf die Spur gebracht, dass es ein anderes Leben als das irdische geben muss. Und wer sich danach richtet, für den ergibt sich: Die menschliche Person ist eine absolute Kostbarkeit. Aber das lernt man nur durch die Liebe, anders überhaupt nicht.

Eigentlich könnte die Erzählung, mit der wir es hier zu tun haben, auch etwas anders heißen, nämlich: »Vom reichen Prasser und dem Erzvater Abraham«. Denn das sind ja die beiden handelnden Personen, während Lazarus an dem Gespräch – ich wies schon anfangs darauf hin – nicht teilnimmt. Für ihn spricht und entscheidet Abraham.

In den Schriften des Neuen Testaments wird Abraham zum Vater des Glaubens. Der Apostel Paulus bezeichnet ihn so in dem ihm zugeschriebenen Brief an die Hebräer. Abraham ist der Prototyp einer Frömmigkeit, die keine Beweise braucht. Seine menschliche Existenz, sein irdisches Leben gestaltet er aus dem Gehorsam vor Gott.

Es wäre übrigens auch eine religionsgeschichtlich wichtige Gemeinsamkeit zwischen Kirche und Synagoge, zwischen Christentum und Judentum, an die Neuschaffung des Lebens in den Händen Gottes in dem Moment, da ein Mensch stirbt, gemeinsam zu glauben. Die Lehre der unsterblichen Seele, die die katholische Kirche dogmatisch im Erbe der platonischen Philosophie formuliert hat, muss nicht dazugehören. Jesus hat so nicht geglaubt. Aber dass Gottes Liebe stärker ist als der Tod und dass wir ewiges Leben als Hoffnung von Gott her in Aussicht gestellt bekommen, wäre eine gemeinsame Überzeugung beider Religionen, besser gesagt: aller *drei* Religionen, denn der Islam gehört unbedingt mit dazu.

Vielleicht ist das, was hier gemeint ist, mit einer russischen Märchenerzählung wiederzugeben, die auch Dostojewski einmal aufgegriffen hat. Es war einmal eine alte Frau, die sehr habgierig und boshaft war. Und als sie starb, kam sie in die Hölle. Aber ihr Schutzengel entsann sich, dass sie irgendwann einmal auf dem Felde jemandem eine Zwiebel gegeben hatte. Die Zwiebel war halb faul, aber immerhin hatte sie einem Hungernden die Zwiebel gegeben. Und Gott sagte zu dem Engel: Wenn es dir gelingt, die Zwiebel herabzulassen an einem Faden, kannst du die Frau aus der Hölle herausholen. Der Engel versuchte das, und als die Zwiebel herabschwebte, klammerte sich die Frau mit aller Kraft ans Seil. Aber das sahen auch andere unter den Verdammten und stürzten sich genauso auf die Zwiebel. Die Frau trat nach ihnen, weil sie fürchtete, das Seil könnte reißen. Das ist *meine* Zwiebel!, rief sie – und in dem Moment, wo sie »meine Zwiebel« rief, riss der Faden wirklich.

Ich finde die Geschichte sehr erschütternd, weil sie dazu auffordert, uns auch in die Not einer solchen Frau hineinzuversetzen – oder auch in die des reichen Prassers. Beide haben schon zu Lebzeiten immer Angst gehabt, man könnte ihnen etwas wegnehmen, waren raffgierig und mitleidlos und wollten die Not anderer nicht sehen. Aber so zu leben ist die Hölle, da kommt man nicht hinein, da ist man schon mitten drin.

Von der Witwe und dem ungerechten Richter

Lukas 18,1-8

1 Er sagte ihnen aber ein Gleichnis darüber, dass sie allezeit beten und
nicht nachlassen sollten, 2 und sprach: Es war ein Richter in einer Stadt,
der fürchtete sich nicht vor Gott und scheute sich vor keinem Menschen.
3 Es war aber eine Witwe in derselben Stadt, die kam zu ihm und
sprach: Schaffe mir Recht gegen meinen Widersacher! 4 Und er wollte
lange nicht. Danach aber dachte er bei sich selbst: Wenn ich mich schon
vor Gott nicht fürchte noch vor keinem Menschen scheue, 5 will ich
doch dieser Witwe, weil sie mir soviel Mühe macht, Recht schaffen,
damit sie nicht zuletzt komme und mir ins Gesicht schlage. 6 Da sprach
der Herr: Hört, was der ungerechte Richter sagt! 7 Sollte Gott nicht auch
Recht schaffen seinen Auserwählten, die zu ihm Tag und Nacht rufen,
und sollte er's bei ihnen lange hinziehen? 8 Ich sage euch: Er wird ihnen
Recht schaffen in Kürze. Doch wenn der Menschensohn kommen wird,
meinst du, er werde Glauben finden auf Erden?

Herr Drewermann, die Nutzanwendung dieses Gleichnisses wird den Jüngern schon im ersten Satz mitgeteilt: Sie sollen, so sagt Jesus, allezeit beten und darin nicht nachlassen. Das ist, wie mir scheint, doch eine nicht sehr originelle Aufforderung.

Es dürfte eine Einleitung sein, die Lukas selbst geschaffen hat, die so jedenfalls nicht aus dem Munde Jesu stammt. In der frühen Kirche hat man aus der Botschaft Jesu offensichtlich eine Gebetshaltung abgeleitet, die Gott bestürmt mit allem, was dem Menschen auf dem Herzen liegt. Und tatsächlich hat Jesus in diesem Sinne erstaunliche Dinge gelehrt und gesagt. Zur Einführung in diese Erzählung kann man eine gedanklich ganz gleich geartete Geschichte aufgreifen. Im 11. Kapitel – auch bei Lukas – sagt Jesus unmittelbar nach dem *Vaterunser*, – nachdem er also seinen Jüngern die Haltung eines kindlichen Vertrauens zu Gott gelehrt hat –, wir sollten Gott alles sagen, was wir fühlen. Und er begründet das mit einem Beispiel: Wenn man zu seinem Freund kommt und sagt, ich habe Besuch bekommen, ich brauche Brot, und der Mann würde von drinnen sagen: Die Kinder schlafen schon, ich kann nicht aufstehen und dir etwas geben –: Würde er dabei bleiben, wenn der andere nur tüchtig weiter an die Türe klopft? Schon um ihn loszuwerden, wird er ihm geben, was er braucht. Man muss sich für die Situation eine »Einraumwohnung« vorstellen, ein Haus mit nur einem einzigen Zimmer, in dem alle schlafen. Wenn da draußen noch lange gelärmt wird, fangen die Kinder an zu schreien, ist die Nachtruhe dahin. Und wie soll der Mann aufstehen, über die Kinder hinweg, um Brot zu suchen. Drei Fladen will der andere haben, das ist viel! Aber wenn er ihm am Ende gibt, was er verlangt, tut er es, um endlich seine Ruhe zu haben. Woran Jesus appelliert in der Geschichte, ist die Bettlerweisheit: Man muss nur lange genug dranbleiben, dann bekommt man das, was man möchte. Und ganz ähnlich, meint Jesus in dieser Geschichte, sind wir vor Gott Bettler. Martin Luther hat in seiner Nachtkonsole in dem Haus in Eisleben, in dem er starb, dieses Wort hinterlassen: Wir sind Bettler. Wenn das schon so ist, meint Jesus, dann sollten wir doch Gott alles anvertrauen, was wir Menschen auf dem Herzen haben, und so lange »dranbleiben«, bis wir es bekommen.

Wenn man das erst einmal als Sinnaussage im Hintergrund hat, versteht man auch das vorliegende Gleichnis. Da ist eine Witwe, das heißt: sie hat kein geregeltes Einkommen. Sie hat vielleicht noch aus der Ehe mit ihrem Mann eine Forderung zu begleichen, die sie nicht aufbringen kann, das aber verlangt ihr Widersacher, so darf man vermuten, – eine schutzlose Person, die der Willkür eines anderen ausgeliefert ist, und dieser andere steckt vielleicht sogar mit dem Richter unter einer Decke. Aber dieser Dorfkadi, der morgens von neun bis zehn, noch ehe die Sonne heiß wird, seinen Dienst ableistet, hat es hier zu tun mit einer Frau, die in ihrer Not gar nicht anders kann. Sie will, dass ihr der Richter Recht verschafft. Ihre Zudringlichkeit ist diesem unerträglich, doch er denkt: Mit der Frau werde ich noch allemal fertig. Diese Frau aber rückt ihm jeden Morgen auf den Leib – wie man es sich im Orient vorstellen muss: händeringend, wehklagend, auf dem Boden sich wälzend. Er hat Grund, in dieser Frau eine bösartige Katze zu sehen, die ihm eines Tages das Gesicht zerkratzen wird. Auf alle Fälle ist sie lästig, und damit ändert sich seine Interessenlage. Bis dahin war die Strategie: Wenn ich sie abschmettere, sucht sie von alleine das Weite, und ich habe meine Ruhe. Jetzt aber sieht er nur noch die Möglichkeit, auf sie einzugehen, auf sie zuzugehen und ihr Recht zu verschaffen. Das ist es, was Jesus meint: dass, wenn man inständig bittet und nicht locker lässt, man am Ende bekommt, um was man bittet. Und das, will er sagen, ist bei Gott allemal der Fall.

Der Richter mag ja sein, wie er will, aber aus der Handlung zu schließen, er sei ein »ungerechter Richter«, wie er tatsächlich im Text genannt wird, das kann man doch eigentlich nicht ableiten.

Ich denke doch. Der Mann hat ja nur seine Ruhe im Sinn. Die Rechtsvorschriften legt er so oder so aus. Mit Gerechtigkeit hat das nichts zu tun, es ist vollkommen willkürlich. Und Jesus nennt ihn deshalb einen »Ungerechtigkeitsrichter«. Es ist wirklich ein Dorfkadi, so wie man sich einen vorzustellen hat. Der braucht keine Rechtsbücher, keine Präzedenzfälle, der entscheidet über den Daumen und fertig!

Wir erfahren aus dem Gleichnis nichts darüber, worin eigentlich die Beschwernis der Witwe besteht, wer ihr Widersacher ist, was man von ihr will oder was man gegen sie hat. Es handelt sich nur um Mutmaßungen.

So egal, wie das dem Richter ist, so kann es auch dem Leser egal sein. Es ist wirklich ein *Gleichnis*, das heißt: Es gibt nur eine einzige Vergleichsklausel, und die liegt darin: Wenn du lange genug bittest, selbst wenn du mit einer Obrigkeit verhandelst, die überhaupt kein Interesse daran hat, dir Recht zukommen zu lassen, – du wirst das, was du brauchst und haben willst, bekommen, wenn du nur lange genug auf deiner Bitte beharrst. Und so – das will Jesus ohne Zweifel sagen – sollen wir bei Gott tun. Der Schluss, mit dem er das ableitet, ist typisch für das jüdische Denken. Es ist kein logischer Schluss im Sinne der griechischen Philosophie, sondern man spricht von einem Schluss vom Kleineren aufs Größere. Das Kleinere ist hier, dass man sogar einen faulen, willkürlichen, im Grunde bösartigen Richter dahin bringen kann, dass er endlich tut, was man als Anspruch der Menschlichkeit im Sinne dieser Witwe geltend machen möchte. Wenn das schon richtig ist unter schwierigen menschlichen Verhältnissen, um wie viel mehr wird es dann bei Gott der Fall sein.

Im Text heißt es: Hört, was der ungerechte Richter sagt! Aber tatsächlich hat der Richter gar nichts gesagt; er hat sich nur etwas gedacht.

Das ist die Umschreibung im Hebräischen. »Danach sprach er bei sich selber« – das ist so viel wie: »Er überlegte sich selber«. Das ist dieselbe Sprachfigur wie im Griechischen. Ich sehe hier aber ein ganz anderes Problem. Sollen wir glauben, dass Jesus das wirklich so gemeint hat –: dass alle Menschenbitten erfüllt werden? Ist es nicht eine bittere Erfahrung, dass es auch anders sein kann? Oft sind Menschen verzweifelt, sie bestürmen den Himmel mit Wehklagen und Drängen, und es kommt ganz anders, als sie es haben wollten.

Sicher ist, dass Jesus lehren wollte, Gott alles anvertrauen zu dürfen, Gott mit jeder Bitte kommen zu können. Aber hat jetzt Jesus uns wirklich lehren wollen, dass Gott die übergeordnete Führungsinstanz für alle Wünsche und Bedürfnisse ist? Schon 300 Jahre vor Christi Geburt findet sich bei Epikur, dem griechischen Philosophen, die Ansicht, dass die Menschen die Götter mehr dafür preisen sollten, dass sie ihnen ihre Wünsche oft *nicht* erfüllen, weil das, was viele Menschen an Bitten zum Himmel schicken, in aller Regel sehr unweise ist und ihnen manchmal zur Strafe gerät. Epikur meinte sogar, wenn die Götter alle Bitten der Menschen erhörten, gäbe es gar keine Menschen mehr, weil sie ja auch um den Sieg in einem Krieg bitten würden und um die Vernichtung der Feinde.

Das war nicht nur in der Antike so; das war im Mittelalter so und auch in der frühen Neuzeit.

Das ist bis heute so geblieben! Die Brüder Grimm haben uns das Märchen *Der Arme und der Reiche* aufgeschrieben. Da gibt es einen reichen Mann, der es ablehnt, Gott bei sich aufzunehmen und ihm Gastfreundschaft zu erweisen. Der Arme tut das, ohne zu zögern, und wird dafür belohnt. Als am Morgen der Reiche davon erfährt, läuft er dem lieben Gott hinterher, und schließlich willigt Gott ein, auch dem Reichen drei Wünsche zu erfüllen. Und so kommt es. Er sitzt auf seinem Pferd, das aber läuft ihm nicht schnell genug, und er flucht, es soll krepieren – und schon ist sein erster Wunsch augenblicklich erfüllt. Er muss sich abschleppen mit dem Sattel, den er nicht verloren geben will, stellt sich vor, wie es mit seiner Frau ist, die zu Hause sitzt, während ihn die Sonne sticht; sie soll verwunschen sein und selber auf dem Sattel sitzen – und schon geschieht es. Als er dann zu Hause ankommt, jammert die Frau, weil sie nicht von dem Sattel herunterkommt. So muss er sie mit seinem dritten und letzten Wunsch davon erlösen. So also hatte er von seinen Wünschen gar nichts.

Man könnte noch ergänzen, dass Gott den reichen Mann zuvor gewarnt hatte: dass er sich lieber nichts wünschen solle, denn es wäre nicht gut für ihn!

Das Märchen der Brüder Grimm gibt uns ein Bild, eine Vorstellung davon, wie Gott unsere Wünsche erhört. Es besteht eine Art Reifungsprozess, in dem wir langsam zu ahnen beginnen, welche Wünsche wir haben und welche wir vielleicht besser sein lassen sollten. Mir liegt daran, die ganze Art, wie Jesus im Neuen Testament auftritt, als eine therapeutische zu bezeichnen. Immer wieder möchte er in die Angst der Menschen hineinsprechen, und wenn er in Gleichnissen redet, sind das auch dichterische Verbildlichungen von therapeutischen Vorgängen im Umgang mit bedürftigen Menschen. Nun muss man sich vorstellen, dass die Gebetsschule, die Jesus hier vorträgt, genauso therapeutisch ist. Wenn er sagt: Redet doch zu Gott alles, was ihr möchtet – haltet nichts zurück, öffnet ihm euer Herz, er wird immer für euch offene Ohren haben –, so ist das eine Situation, die ich aus der Psychotherapie kenne. Auch da fleht ja förmlich der Therapeut darum, der Klient oder die Klientin möge alles sagen, was ihm oder ihr auf der Seele liegt, und nichts zurückhalten. Und dann geschieht etwas Erstaunliches: Menschen haben starke Gefühle, wünschen in diesem Augenblick etwas ganz Bestimmtes, und einfach indem sie es aussprechen, verändert es sich, es verliert seine Dringlichkeit, es hört auf, eine bloße Reaktionsbildung zu sein gegenüber Ängsten oder Minderwertigkeitsgefühlen. Es ist, wie wenn eine Quelle zu sprudeln beginnt in einen Lehmboden, dabei eine Menge an Sand und Schlamm ausschwemmt, aber je mehr es fließt, desto stärker wird die Selbstreinigungskraft des Wassers. So ist es mit der menschlichen Seele, und so glaube ich, stellt Jesus es sich vor. Wenn man erst einmal ein Gegenüber unbedingten Vertrauens gefunden hat, werden sich auch die eigenen Wünsche klären. Am Ende braucht man womöglich das, worum man anfangs noch meinte bitten zu müssen, in einer materiellen Form der Erfüllung überhaupt nicht. Man muss darauf gar nicht verzichten, weil es sich einfach erledigt hat, so wie in unserem Leben viele Fragen keine Antworten brauchen, weil sich die Fragen gar nicht mehr stellen.

Ich denke, das könnte damit zusammenhängen, dass man sich als Mensch ständig weiterentwickelt und dass sich so tatsächliche oder vermeintliche Probleme von alleine lösen oder auf einmal gar nicht mehr vorhanden sind.

Das ist es, was Jesus eigentlich sagen möchte. Unsere Situation ist wie die von Kindern vor Weihnachten. Eigentlich wünschen sie sich nicht den roten Ball oder ein Püppchen mit Schlafaugen. Was sie wirklich möchten, ist, dass die Mutti, dass der Vati sie lieb hat. Und wenn sie hinter beiden eine Macht spüren und das Vertrauen, dass da immer noch jemand im Hintergrund ist, dann ist es nicht mehr so wichtig, ob man eine Puppe bekommt oder einen Ball. Das sind lediglich die Beweisstücke für die Liebe und Zuneigung eines anderen Menschen.

Es ist dies ein Punkt, den Lukas selber sehr klar gesehen hat. Er schreibt nämlich im 11. Kapitel, Vers 13, zum Abschluss der Gebetslehre Jesu: »Wenn nun ihr, die ihr böse seid, gute Gaben zu geben wisst euren Kindern, um wie viel mehr wird euer Vater im Himmel den Heiligen Geist geben denen, die ihn bitten.« Das sind sicher keine Worte Jesu mehr, sondern das ist wieder Sprachgebrauch des Evangelisten Lukas. Aber das ist die eigentliche Erfüllung allen Bittens, dass Gott uns seinen Geist gibt und eine Haltung des Vertrauens, dass wir die Welt betrachten mit der Güte, die wir von Gott her erfahren können. Das materielle Missverständnis, Gott sei wie ein Supermagier, der uns alle Wünsche erfüllt, hört dabei von ganz alleine auf.

Oft haben, so scheint es mir, die Gleichnisreden Jesu einen doppelten Schluss. Auf einen Merksatz oder eine rhetorische Frage folgt noch ein weiterer Satz oder eine Frage. So auch hier. Eigenartig schließt die Parabel mit dem Satz: »Doch wenn der Menschensohn kommen wird, meinst du, er werde Glauben finden auf Erden?«

Gemeint ist damit die Frage an die Menschen damals wie an uns heute, inwieweit wir die Botschaft Jesu wirklich glauben wollen. Aber das soll jetzt der Leser sich selber fragen. Ich könnte vielleicht das Gleichnis Jesu – ähnlich wie bei dem Märchen der Brüder Grimm – noch mit einer Erzählung aus dem Hinduismus kommentieren. Also: Der Gott Schiwa erlebte einen Beter, der ihm permanent in den Ohren lag, und er hatte es irgendwann leid. Er sagte: Mein Lieber, du hast jetzt drei Wünsche, die erfülle ich mit Sicherheit, aber danach ist ein für allemal Schluss. Der Mann hatte als erstes den Wunsch, dass seine Frau, unter der er doch arg gelitten hatte, endlich sterben würde. So kam es. Aber am offenen Grab hielten die Freundinnen und Freunde liebevolle Reden, welch eine Seele von Mensch sie war, und beklagten, welch ein Verlust jetzt eingetreten sei. Dem Manne kamen die Tränen, und er bat Schiwa, sie wieder aufzuerwecken. Nun waren zwei Wünsche erledigt, und deshalb wollte er bei dem dritten bedachtsam vorgehen. Er fragte also seine Freunde, was zu wünschen sei. Der eine sagte: Ist doch klar, ein armer Kerl wie du sollte sich Geld erbitten. Der nächste sagte: Was nützt dir ein Geldsack, auf dem du sitzt, wenn du völlig einsam bist? Du solltest Freunde haben. Bitte also Schiwa um richtige Freunde. Und der dritte sagte: Naja, Freunde, aber ein Bandscheibenvorfall oder sonst was Übles, und es ist Aus mit der Freundschaft. Gesundheit ist doch was, das man sich wünschen muss. Der Mann war ganz konfus und fragte Schiwa: Um was soll ich dich denn jetzt bitten? Und Schiwa lachte und sagte: Ein Mann wie du sollte bitten, dass er endlich einverstanden wird mit dem Leben, so wie es ist.

Es ist das nicht die Sprache Jesu, auch nicht ganz der Sinn, aber in die Richtung zielt es allemal. Würden wir Vertrauen haben, dann kämen wir aus dem Kreis der Unvernunft endlich heraus, und wir kämen dahinter, wie wichtig und heilsam das Gebet ist: Es entspannt, es beruhigt, es macht sanft, es schafft Gelassenheit und das Gefühl, dass die Welt ganz in den Händen Gottes liegt. Das schafft einen Erlaubnisraum, in dem man sich bestätigt fühlt und sich die Angst verflüchtigt. Es gibt die neutestamentliche Geschichte von dem Sturm auf dem See – ein beeindruckendes Bild. Die Wogen schlagen ins Boot, während Jesus schläft. Und als man ihn weckt, besänftigt er augenblicklich den Sturm und fragt die Jünger: Wo bleibt euer Vertrauen? Denn mit dem Vertrauen, so will Jesus sagen, träte die Stille sofort ein und es würde alles ruhig, auf dem Wasser und in der Seele.

Von den anvertrauten Talenten

Matthäus 25,14-30

14 Denn es ist wie mit einem Menschen, der außer Landes ging: er rief
seine Knechte und vertraute ihnen sein Vermögen an; 15 dem einen gab
er fünf Zentner Silber, dem andern zwei, dem dritten einen, jedem nach
seiner Tüchtigkeit, und zog fort. 16 Sogleich ging der hin, der fünf Zentner empfangen hatte, und handelte mit ihnen und gewann weitere fünf
dazu. 17 Ebenso gewann der, der zwei Zentner empfangen hatte, zwei
weitere dazu. 18 Der aber einen empfangen hatte, ging hin, grub ein
Loch in die Erde und verbarg das Geld seines Herrn. 19 Nach langer Zeit
kam der Herr dieser Knechte und forderte Rechenschaft von ihnen.
20 Da trat herzu, der fünf Zentner empfangen hatte, und legte weitere
fünf Zentner dazu und sprach: Herr, du hast mir fünf Zentner anvertraut; siehe da, ich habe damit weitere fünf Zentner gewonnen. 21 Da
sprach sein Herr zu ihm: Recht so, du tüchtiger und treuer Knecht, du
bist über wenigem treu gewesen, ich will dich über viel setzen; geh
hinein zu deines Herrn Freude! 22 Da trat auch herzu, der zwei Zentner empfangen hatte, und sprach: Herr, du hast mir zwei Zentner
anvertraut; siehe da, ich habe damit zwei weitere gewonnen. 23 Sein
Herr sprach zu ihm: Recht so, du tüchtiger und treuer Knecht, du bist
über wenigem treu gewesen, ich will dich über viel setzen; geh hinein zu
deines Herrn Freude! 24 Da trat auch herzu, der einen Zentner empfangen hatte, und sprach: Herr, ich wusste, dass du ein harter Mann

bist: du erntest, wo du nicht gesät hast, und sammelst ein, wo du nicht
ausgestreut hast; 25 und ich fürchtete mich, ging hin und verbarg deinen
Zentner in der Erde. Siehe, da hast du das Deine. 26 Sein Herr aber
antwortete und sprach zu ihm: Du böser und fauler Knecht! Wusstest
du, dass ich ernte, wo ich nicht gesät habe, und einsammle, wo ich nicht
ausgestreut habe? 27 Dann hättest du mein Geld zu den Wechslern
bringen sollen, und wenn ich gekommen wäre, hätte ich das Meine
wiederbekommen mit Zinsen. 28 Darum nehmt ihm den Zentner ab
und gebt ihn dem, der zehn Zentner hat. 29 Denn wer da hat, dem wird
gegeben werden, und er wird die Fülle haben; wer aber nicht hat,
dem wird auch, was er hat, genommen werden. 30 Und den unnützen
Knecht werft in die Finsternis hinaus; da wird sein Heulen und Zähne-
klappern.

Herr Drewermann, im ersten Satz des Gleichnisses wird uns gesagt: »Denn es ist wie mit einem Menschen, der außer Landes ging. Er rief seine Knechte und vertraute ihnen sein Vermögen an.« Irgendwas fehlt ja hier. Wäre vielleicht zu ergänzen: Ebenso ist es mit dem Himmelreich?

Absolut. Es geht um das Verhältnis des Menschen zu Gott und gesagt wird: Alles, was wir besitzen, ist ein anvertrautes Gut, das wir nicht als unser Eigentum betrachten dürfen, sondern mit dem wir pfleglich umgehen sollen im Sinne des Auftraggebers. Das spricht sich zwischen den Zeilen aus. Aber es ist nicht der Schwerpunkt der Geschichte. Man muss sich vorstellen, in welch einer Gefühlslage unseres Lebens eine Geschichte wie diese hinein spielt. Das Problem ist Jesus bekannt, und es ist so alt wie die Bibel. Die Geschichte von Kain und Abel im 4. Kapitel der Genesis erzählt von diesem Konflikt, der darin liegt, dass Menschen sich benachteiligt fühlen, zurückgesetzt, nicht wirklich so gesehen und beachtet, wie sie es nach ihrer Meinung verdient hätten. In der Geschichte von Kain und Abel haben wir die ersten Kinder Evas vor uns. Im Grunde wird unsere eigene Situation beschrieben. Wir fühlen uns abgelehnt, nicht wirklich berechtigt. Und dann überlegen wir, ob man uns nicht am Ende, wenn wir etwas Erfolgreiches, Nützliches, Produktives, Kreatives tun, doch anerkennen wird. Wenn alle Menschen ihre Achtung und Anerkennung auf bestimmte Leistungen gründen, wird man erleben, dass neben uns andere als Konkurrenten auftreten, und zwar auf Leben und Tod. Wären Kain und Abel nicht Brüder, sondern einander so fremd wie die Eskimos den Bantus, kämen sie sich niemals ins Gehege. Aber nun treten sie, treten *wir* an im gleichen Raum der Konkurrenz gegeneinander an: Wer von uns ist besser? Kleine Unterschiede spielen jetzt eine Rolle: Der eine ist älter, der andere jünger; die eine schöner, die andere weniger schön; die eine klüger als die andere – das Schicksal ist immer ungerecht. Man hat das so nicht verdient. Es ist subjektiv weder Schuld noch Verdienst, aber am Ende geht es um Erfolg oder Nicht-Erfolg, um Sieg oder Niederlage. Die amerikanische Regel heißt: *The winner takes it all.* Und das macht den permanenten Vergleichskampf in der Themenstellung von Kain und Abel – vom Anfang der Welt bis heute – in all seiner Grausamkeit so virulent. Die Frage heißt: Wie hören die Menschen auf, sich immer erst in Bezug auf »Erfolg« anzuerkennen?

Was die Geschichte von Kain und Abel angeht, so hätte Gott sagen müssen: Kain, du bist nicht schlechter als dein Bruder, und deine Vorstellung, ich würde dich missachten, ist nichts weiter als eine Folge angstverzerrter Perspektive. Du bist mir nicht weniger lieb als Abel, dein Bruder, und überhaupt die ganze Idee, du müsstest erst mal Opfertiere auf den Altar legen, um meine Gnade herbeizuzwingen, ist völlig abwegig. Ich selber will, dass es dich gibt, und zwar in deiner Eigenart. Sei zufrieden mit dir, wie du bist! So ungefähr wäre die Lösung im Hintergrund der Geschichte von Kain und Abel.

Was hat nun der Urkonflikt zwischen Kain und Abel zu tun mit dem Gleichnis von den Knechten und den zahlenmäßig verschiedenen Talenten? Zur Sacherläuterung sei hier gesagt, dass es sich bei einem Talent um eine bestimmte Geldsumme handelt, eigentlich um eine antike Gewichtseinheit. So finden sich als Übersetzung auch die Formulierungen »ein Talent Silbergeld« oder »ein Zentner Silber«.

Jesus erzählt in diesem Gleichnis auf andere Weise ein ähnliches. Entscheidend sind nicht die beiden Leute, die – mit fünf und mit zwei Talenten ausgestattet – die Gewinnmarge verdoppelt haben. Entscheidend ist das Problem, dass der Mann, der nur ein Talent bekommen hat, von Anfang an wissen muss, dass er im Hintertreffen ist, dass er an seine Mitknechte und deren Talente nicht heranreichen wird. Und schauen wir uns um, so finden wir – ich sagte es schon mal – immer Leute, die besser sind, klüger sind, erfolgreicher sind, und dementsprechend fühlen wir uns minderwertiger. Was ist dagegen zu machen? Die Natur ist so; die Lebensbedingungen sind so; die Gesellschaft ist so. Nun kann man sagen: Wenn es sowieso keinen Zweck hat, im permanenten Wettbewerb mitzuhalten, dann mache ich gar nichts. Das tut dieser dritte Mann. Er hat nur ein einziges Talent, und das vergräbt er sicherheitshalber. Mehr scheint er gar nicht für möglich zu halten, als das eine Talent, das er bekam, für den Herrn aufzubewahren. – Man könnte hier auch an den Gefühlshintergrund einer Depression denken. Viele depressive Menschen haben gar nicht die Vorstellung, dass sich in ihrem Leben etwas entfalten könnte. Sie krallen sich fest an dem, was sie besitzen, und haben Angst, dass ihnen auch das noch weggenommen werden könnte. So wird es buchstäblich vergraben.

Aber dieser Mann, der offenbar kein »Talent« zu Geldgeschäften hat und womöglich auch sonst problembehaftet ist, kann seinem Herrn immerhin die ihm anvertraute Summe getreulich zurückgeben. Und außerdem scheint er doch durchaus Selbstbewusstsein zu haben, denn er sagt zu seinem Herrn in bemerkenswerter Offenheit: »Ich wusste, dass du ein harter Mann bist, denn du erntest, wo du nicht gesät hast, und sammelst ein, wo du nicht ausgestreut hast.«

Was Jesus schildert, ist die Situation eines Mannes, der so denkt und empfindet. Und es wächst in ihm nicht nur die Unzufriedenheit, sondern die Rebellion, der metaphysische Protest gegen die Weltordnung. Er rebelliert gegen Zumutungen und vermeintliche Ungerechtigkeiten. Indem Jesus diese Gefühle schildert, macht er Menschen begreifbar, die sich in einer solchen Stimmungslage befinden.

Aber das Entscheidende ist jetzt, dass Jesus darüber hinaus geht. Er schildert einen Herrn, der genauso rabiat ist, wie ihn der Knecht schildert. Er schilt ihn als untüchtig und wirft ihm vor, dass er bei aller Angst vor ihm doch zumindest das Geld hätte zur Bank bringen kön-

nen, so dass er es mit Zinsen zurückbekommen hätte – doch nicht einmal daran habe er gedacht. Was ist der Sinn der Argumentation Jesu, habe ich mich immer wieder gefragt.

Ich denke, er liegt darin, Menschen vor Resignation und Minderwertigkeitsgefühlen zu warnen. Wenn du dir ständig einredest, du bist nicht gut genug, du kommst nicht mit im Vergleich zu anderen, lässt sich vorhersehen, wie das weitergeht. Du wirst dich selber nicht couragiert ins Leben trauen; du wirst Gott nicht verstehen, der dir das Leben geschenkt hat; du wirst im Grunde dich selber wegwerfen wie etwas völlig Unbedeutendes. Du solltet keine Angst davor haben, dass du einmal etwas falsch machst oder dass du Misserfolge hast oder dass du nicht so gut dastehst wie die anderen. Die einzige Angst, die du wirklich haben könntest, ist die, dass du am Ende selber nicht mehr weißt, wofür es dich eigentlich gegeben hat. Darin liegt eine wirkliche Gefahr.

Ich rede manchmal mit Menschen, auf die diese Geschichte zugeschnitten scheint. Eine Frau liegt mir seit Jahren in den Ohren, wie schlecht es ihr geht. Sie ist geschieden, sie hat einen minimalen Unterhalt, sie muss Hilfsarbeiten auf sich nehmen, sie weiß nicht, wovon sie im Alter leben soll. Zu sagen, es hat alles keinen Zweck, liegt natürlich auf der Hand. Umso mehr versuche ich, aus allem, was sie sagt, andere Akzente herauszuhören. Und immer wieder sage ich ihr: Sie können mit den Vorstellungen, wie es vielleicht morgen ist, die Gegenwart derart belasten, dass Sie rückwärts gehen statt vorwärts. Wir können Ihren Zukunftsängsten nur zuvorkommen, indem Sie das, was Sie heute haben, zu Ihrem Nutzen und zur Freude Ihrer Mitmenschen ein Stück weit einsetzen, und da ist eine Menge möglich. Der Hauptfehler ist der, dass Sie sich ständig an anderen messen, zum Beispiel an Ihrer Schwester: der geht es gut, die ist immer noch verheiratet, die hat ein sicheres Einkommen. Solange Sie nur sehen, was mit den anderen ist, werden Sie immer Gründe finden zum Selbstmitleid und zur Selbstverachtung. Viel wichtiger ist, dass Sie auf das schauen, was Ihnen selber entspricht.

Wenn ich das richtig verstehe und auf unser Gleichnis übertrage, heißt das ja wohl, dass, wenn Gott uns ein Talent gibt, er sicher nicht erwartet, dass wir damit so hantieren, als wenn wir zwei oder fünf Talente hätten. Das heißt: Er möchte aber unbedingt, dass wir unsere Chancen realisieren und etwas aus den Gaben machen, die wir bekamen, als er uns geschaffen hat.

Ja, so ist es. Um 300 v. Chr. gab es einen Schüler oder Gefährten des Lao-tse, des Begründers des Taoismus, namens Tschuang-tse. Dieser pflegte zu sagen: Entenbeine sind nicht kurz und Kranichbeine sind nicht lang, und wollte damit sagen: Ihr geht über die Dorfstraße, und da kommt eine Gruppe von Enten und überquert die Straße. Und schon könnt ihr anfangen zu meckern: Eure Beine sind zu kurz, und überhaupt dieses Gewatschel ist irgendwie etwas Blödes, ich zeige euch jetzt mal, wie man richtig geht. Dann steht ein Reiher oder Kranich am Flussufer, und ihr könnt ihm beibringen, dass dieser Kranich, wie er da rumstakst, natürlich unanständig ist irgendwie, außerdem klappt er die Beine falsch ein, kurz, man hat Grund, ihn zu kritisieren und zu zeigen, wie es richtig geht. Bei alldem demonstrieren wir nur, dass wir wie mit einem Brett vor dem Kopf mit falschen Maßstäben durch die Natur wandeln. Jedes Tier hat die Beine, die ihm nützlich sind. Für die Enten gibt es keine besseren Beine, als die sie haben, und für die Kraniche auch nicht. Die Frage ist lediglich, wie wir den richtigen Maßstab für uns selber finden.

Nun will ich aber von Lao-tse und seinen Weggefährten zu unserem biblischen Gleichnis zurückkommen. Nicht nur, dass dem Knecht das eine Talent, das er verwahrt hat, weggenommen wird, und dem anderen, der schon zehn hat, noch dazugegeben wird, sondern wie zum Hohn ruft ihm der Herr noch zu: Wer hat, dem wird gegeben, und wer nicht hat, dem wird das wenige, was er hat, auch noch genommen! Das ist zynisch, von brutaler Offenheit, für mich jedenfalls ein arger Stolperstein.

So ist es auch. Der Satz lief wahrscheinlich um als ein Sprichwort über die Ungerechtigkeit der Welt im allgemeinen und des Wirtschaftslebens im besonderen, die Selbstbereicherung der einen auf Kosten der anderen! Was Jesus damit macht, ist hier etwas ganz anderes. Er schildert ein psychologisches Gesetz im Umgang mit sich selber, eine existenzielle Grundregel. Menschen, die in Angst immer wieder sich im Kreise drehen, werden alles verlieren, und umgekehrt: Menschen, die in Vertrauen zu leben beginnen, werden spüren, dass sich das selber belohnt und weitertreibt. Die Brutalität in dem ganzen wird zweifellos von diesem Herrn verkörpert, aber der dient noch nur als Staffage dafür, den Hörern oder Lesern etwas beizubringen, das an Grausamkeit in den Mechanismen der Angst selber ruinös und destruktiv ist. Das soll hier bewusst gemacht werden. Selbst wenn Sie dagegen protestieren …

Ja, und ich will deshalb auch ganz bewusst und absichtsvoll bei dem Gleichnis bleiben: Was wäre denn gewesen, wenn sich die beiden anderen Knechte, die mit den fünf und den zwei Talenten, verspekuliert hätten, wenn sie das Vermögen des Herrn nicht vermehrt, sondern gemindert hätten?

Nach allem, was Jesus sonst über das Erbarmen Gottes gegenüber den Schuldnern sagt, muss man annehmen: Das würde der Herr verstanden haben. Vergebung für Leute, die alles riskieren, das geht in Ordnung. Aber was nach den Worten Jesu in diesem Gleichnis Gott nicht bereit ist hinzunehmen, ist, dass Menschen sich in Angst derart verheddern, dass sie selber nicht mehr zu leben wissen und gar nichts machen. Das ist eine Verweigerungshaltung, die sich selber schädigt.

Noch mal: Was Jesus hier schildert, ist ein Teufelskreis der Angst, den man durchbrechen muss. Das Einzige, was absolut falsch zu machen ist, wäre darin zu verharren. Wenn jemand von früh bis spät dazu einlädt, Vertrauen zu haben, und er hört als Echo immer wieder nur: Das ist ja alles schön und gut, aber ich habe Angst, ich kann das nicht, ich trau mir das nicht zu! – was bleibt dann, wenn Pferde unbedingt in die brennende Scheune laufen wollen, als sie auf die Nüstern zu schlagen, damit sie wenigstens die richtige Fluchtrichtung wählen!

Für mich bleibt bei diesem Gleichnis dennoch vieles offen und fragwürdig. Und die Parallelen zu heute drängen sich doch förmlich auf: »Wer hat, dem wird gegeben …« Die Einkünfte der Topmanager sind in den letzten 20 Jahren explodiert. Sie genehmigen sich Millionengagen, und wenn sie ein Unternehmen durch Unfähigkeit fast in den Ruin getrieben haben, bekommen sie auch noch Millionenabfindungen. Sie kriegen den Hals nicht voll, heißt es im Volksmund; so wie ja auch der reiche Mann in unserem Gleichnis offenbar gar nicht genug kriegen kann. Die Reichen werden immer reicher und die Armen immer ärmer. Und viele, die arbeiten, können von dem, was sie bekommen, kaum noch leben. Insofern kann ich Ihre Deutung des Gleichnisses wirklich nur schwer nachvollziehen.

Dann müssen wir es anders sehen. Wenn Sie diese Geschichte so aufregt, dann ist die Frage, was sie mit Ihnen selbst zu tun hat.

Das will ich Ihnen sagen: Es ist die Ungerechtigkeit, die mich empört! Und schlimmer noch: Die Gier und die Raff-Mentalität dieser Leute stellt den Zusammenhang unserer Gesellschaft insgesamt in Frage.

All das ärgert mich genauso, und das könnten wir jetzt lange ausführen. Aber: Die Frage hier ist ja nicht die Ungerechtigkeit im Wirtschaftsleben, die Ungerechtigkeit in der Welt. Die Frage ist: Worin liegt die Schuld dieses Mannes und was fügt er sich selber zu? Worin liegt sein Versagen im Vergleich zu seinen Mitknechten, die was aus den Talenten gemacht haben? Also: Auf welchen Punkt führt dieses Gleichnis letztendlich?

Das möchte ich auch gerne wissen. Und auf Unverständnis stößt bei mir auch der allerletzte Satz der Gleichnisrede, Vers 30, der so heißt:

Den unnützen Knecht werft hinaus in die Finsternis; da wird sein Heulen und Zähneklappern.

Da müssen wir wieder philologisch korrekt sein oder exegetisch: Das ist ein Formelvers, der bei Matthäus sechs- oder siebenmal vorkommt. Er umschreibt die Hölle. Und was Matthäus sagen will: Dieser Mann hier, mit Heulen und Zähneknirschen, fühlt so sein ganzes Leben. Ich frage mich auch, ob man nicht mit Menschen, die schon auf Erden wie in der Hölle sitzen, einfühlsamer reden könnte. Aber ich lese an vielen Stellen im Neuen Testament, dass das oft versucht wurde. Das ist eine Art Verzweiflungsakt: Wie mit Pferden – ich wiederhole mich –, die in ihrer Angst mitten ins Feuer laufen wollen. Es gibt keinen anderen Weg, als ihnen Angst zu machen vor der Angst, um wenigstens die Fluchtrichtung zu ändern. Und das tut dieses Gleichnis, mit Macht allerdings.

Wenn man in Ihrem Sinne die Richtung ändert, kann man dann umgekehrt daraus schließen, dass die nicht mit Angst behafteten Menschen die Erfolgreichen sind, ob im Berufsleben oder im Liebesleben, im Leben überhaupt?

Wenn jemand das Empfinden hat, dass er – in der Rückschau – auf ein erfülltes Leben blickt, dann umschreibt das ein Leben, das sich vernetzt hat mit anderen und das andere bereichert hat. Liebe ist eigentlich das einzige Gut, das man ständig teilen kann, ohne dass es weniger wird. Die Geschichte von der Brotvermehrung zum Beispiel, wo fünf Brote imstande sind, fünftausend Menschen zu ernähren und am Ende noch körbeweise Reste übrig bleiben, so stellt sich Jesus vor, wie man – in Bildern gesprochen – mit den Talenten Gottes umgeht. Alles, was wir haben, ist ein Geschenk. Und irgendwann kommt Gott und fragt, was daraus geworden ist. Ich kann nur noch mal sagen: Es gibt Menschen, die im Leben vielleicht vieles falsch machen, aber der einzig wirkliche Fehler ist, überhaupt nichts zu tun – aus Angst vor Fehlern und Misserfolgen.

Von den klugen und törichten Jungfrauen

Matthäus 25,1-13

*1 Dann wird das Himmelreich gleichen zehn Jungfrauen, die ihre Lam-
pen nahmen und gingen hinaus, dem Bräutigam entgegen. 2 Aber fünf
von ihnen waren töricht, und fünf waren klug. 3 Die törichten nahmen
ihre Lampen, aber sie nahmen kein Öl mit. 4 Die klugen aber nahmen
Öl mit in ihren Gefäßen, samt ihren Lampen. 5 Als nun der Bräutigam
lange ausblieb, wurden sie alle schläfrig und schliefen ein. 6 Um Mit-
ternacht aber erhob sich lautes Rufen: Siehe, der Bräutigam kommt!
Geht hinaus, ihm entgegen! 7 Da standen diese Jungfrauen alle auf und
machten ihre Lampen fertig. 8 Die törichten aber sprachen zu den klugen: Gebt uns von eurem Öl, denn unsre Lampen verlöschen. 9 Da ant-
worteten die klugen und sprachen: Nein, sonst würde es für uns und
euch nicht genug sein; geht aber zum Kaufmann und kauft für euch
selbst. 10 Und als sie hingingen zu kaufen, kam der Bräutigam; und die
bereit waren, gingen mit ihm hinein zur Hochzeit, und die Tür wurde
verschlossen. 11 Später kamen auch die andern Jungfrauen und sprachen: Herr, Herr, tu uns auf! 12 Er antwortete aber und sprach: Wahrlich, ich sage euch: Ich kenne euch nicht.*

13 Darum wachet! Denn ihr wisst weder Tag noch Stunde.

Herr Drewermann, zum besseren Verständnis des Gleichnisses sollte man zunächst mal festhalten, um was es genau geht. Also: Zehn Jungfrauen, allesamt Freundinnen der Braut, haben die Aufgabe, den Bräutigam »einzuholen«, das heißt, ihn zu dem Hause zu geleiten, in dem sich die Braut bereits befindet und wo die Hochzeit gefeiert werden soll. Ist das eine hinreichend genaue Beschreibung für die Ausgangssituation oder fehlt etwas Wichtiges?

Man kann das noch ein Stück vertiefen. Bereits im 1. Buch Mose heißt es in der Paradieserzählung, dass der Mann – eben weil er entdeckt, da ist eine Frau ganz wie er selber, nur eben als Frau –, dass er ihr deshalb anhangen und für sie Vater und Mutter verlassen wird. Das heißt: Selbst das Paradies wird in der Bibel eingeleitet mit einer Heiratsordnung, die über die *Frau* geführt wird. Das widerspricht unseren sonst doch sehr patriarchalen Vorstellungen über die Bibel. Es ist eindeutig, dass schon in ganz früher Zeit der Mann sich hinüberbegibt in das Haus der Frau. Das Ritual ist weitgehend bis heute so geblieben. Ich habe vor Jahren in Syrien genau so eine Hochzeit miterlebt. Das ging stundenlang, nur Männer saßen da zusammen, es wurde ein Fläschchen Arrak herumgereicht, was bei Muslimen eher ungewöhnlich ist; jemand sang herzzerreißend, wie in arabischen Musikveranstaltungen üblich. Es gilt für einen großen Ruhm, eine Sängerin zu haben, die acht Stunden hintereinander singt. Hier unter Männern war das natürlich ein Mann. Liebeslieder, zweideutige Witze und anzügliche Gesten –: man tat alles, um den Bräutigam in die richtige Stimmung zu bringen. Irgendwann geschah dann die Überführung prozessionsartig durch die Brautjungfern, die den Bräutigam abholten, um ihn rituell der Braut zuzuführen.

Ihre Schilderung muslimischer Hochzeitsbräuche lässt mich an christliche Sakralarchitektur denken, nämlich an die Brautpforten mittelalterlicher Stadtkirchen. Der Name »Brautpforte« belegt ja den Rechtsbrauch, dass der Priester die Trauung außerhalb der Kirche, also im Freien, vornahm und erst danach das Paar in das Gotteshaus hinein führte. Als plastischer Schmuck eines Brautportals bot sich das biblische Gleichnis von den klugen und den törichten Jungfrauen an. Vielleicht verband man damit die Vorstellung von Christus als dem Bräutigam der Kirche.

Was das Gleichnis angeht, glaube ich, macht es wenig Sinn, da eine große allegorische Deutung hineinzulegen, wie das in der Väterliteratur geschehen ist. Wenn Jesus von der Hochzeit spricht, liegt es nahe zu denken, er könnte die Hochzeit Gottes mit seinem Volke Israel meinen, der Tochter Zion, oder es könnte die messianische Hochzeit gemeint sein, für die Jesus selber steht. Ich denke, es ist in diesem Gleichnis alles auf den einen Punkt ausgerichtet, auf den es wirklich ankommt: Es ist möglich, dass alles zu spät sein kann!

Das scheint mir schon zu sehr auf das Ende hinzuzielen. Ich möchte erst noch auf ein paar Einzelheiten zu sprechen kommen, die mir wichtig zu sein scheinen. Zum Beispiel: Es wird oft so getan, als ob die törichten Jungfrauen kein Öl mitnahmen, was ja nicht stimmt. Sie hatten in ihren Lampen Öl, und die Lampen brannten auch in der späten Abendstunde; aber die Klugen hatten außerdem in mitgeführten Krüglein noch einen Vorrat an Öl dabei, weil es ja sein konnte, dass der Bräutigam »verzieht«, das heißt später kommt als angenommen – was dann ja auch geschieht. Dann gibt es die Tatsache, dass alle schläfrig werden und ein bisschen einnicken, was in dem Gleichnis aber auch niemandem zum Vorwurf gemacht wird.

Es ist eine gewisse Schwierigkeit in diesem Gleichnis, weil der Umgang mit Zeit in zweierlei Richtungen geht. Das eine ist: Es gibt die Warnung vor dem »Zu spät«, und so könnte man ja auch erzählen, dass die Mädchen eingeschlafen sind, dadurch die entscheidende Situation verpassen und dann später an der Tür abgewiesen werden. Dann wäre das einzügig, dann ginge es nur im dieses eine Motiv: Passt auf, dass ihr das Wichtige ergreift, wenn es kommt, und dass ihr es nicht verpasst! Nun kommt aber das Moment mit den Öllampen da hinein. Natürlich haben Sie Recht: Auch die törichten Jungfrauen haben die Öllampen ordentlich gerichtet, den Docht nachgezogen und Öl hineingetan. Was sie aber hätten bedenken sollen, wäre gewesen, als Vorrat noch weiteres Öl mitzunehmen, denn die ganze Sache kann sich ja hinziehen. Es ist also eine doppelte Forderung: das Entscheidende nicht zu verschieben und sich gleichzeitig in ständiger Bereitschaft zu halten!

Das Gleichnis antwortet in gewissem Sinne auf ein Problem, das schon die frühe Kirche hatte. Man glaubte, das Reich Gottes sei *nahe*, wie Jesus gesagt hatte. Aber man hat das zeitlich aufgefasst, nicht existenziell. Dann hat man gedacht: Gott verzögert sich, er lässt noch auf sich warten. Aber Jesus wollte *nicht* sagen, dass Gott sich verzögert, sondern dass wir dauernd Ausreden finden und dann nicht da sind, wenn wir gebraucht werden. Weil man nun das Ganze historisiert, also in die Geschichtsachse verlegt hat, entstand das Problem, dass Gott offenbar die Welt noch nicht so veränderte, wie es in Aussicht stand. Und dann findet das seinen Niederschlag in Erzählungen, in denen der Bräutigam auf sich warten lässt. So kann das für die frühe Gemeinde Trost oder auch Ermahnung gewesen sein: Richtet euch auf eine längere Zeit ein! Doch ihr müsst auch ständig damit rechnen, dass Entscheidendes passiert. Ihr müsst beides tun. Sterben zum Beispiel kannst du schon morgen – oder noch heute. Andererseits kannst du aber auch erst in dreißig Jahren sterben. Es ändert aber an der Art, wie du leben solltest, überhaupt nichts. Darum sei ständig wachsam und sei gleichzeitig vorbereitet auf eine längere Zeitdauer. Diese beiden Motive mischen sich hier; darum hat man einmal das Motiv des »Zu spät« und zum anderen die Erkenntnis, dass man, aus Klugheit, mit längeren Wartezeiten rechnen muss.

Wenn man sich das Verhalten der klugen Jungfrauen anschaut, dann könnte man – zumindest beim ersten Lesen – den Eindruck haben, dass diese Frauen mitleidlos und hartherzig sind, keine Spur von »feministischer Solidarität«, um mal einen modernen Ausdruck zu benutzen.

In dem Gleichnis ist Hartherzigkeit oder Mitleidlosigkeit der klugen Jungfrauen nicht das Problem. Was sollten sie denn anderes tun? Wenn sie von ihrem Öl abgäben, würde es tatsächlich nicht reichen, weder für die einen noch für die anderen. Die Törichten müssen halt tun was die Klugen vorher getan haben, nämlich zum Krämer laufen, um sich neues Öl zu kaufen. Es gibt aber eine Situation, in der man Versäumtes nicht mehr nachholen kann. Davon erzählt dieses Gleichnis, und das muss man jetzt übertragen auf das eigene Leben. Es ist möglich, dass man viel zu kurzatmig die Dinge angeht. Wachsamkeit und langer Atem, beides zusammen wird hier als eine Haltung der Klugheit oder eines »existenziellen Realismus« beschworen. Es ist die Frage, wie man richtig und bewusst lebt. Das Notwendige will *jetzt* getan sein. Manches scheint Zeit zu haben bis morgen, *hasta mañana;* es ist aber nicht so, weil sich die Dinge ja schnell verändern können. Und so kommt es auch in einem deutschen Sprichwort zum Ausdruck: Was du heute kannst besorgen, das verschiebe nicht auf morgen!

Für Jesus sind Wachsein und Bereitsein, Nichtverschieben und Nichtaussitzen zentrale Anliegen. Er denkt da, wie die meisten Propheten: Die Wahrheit ist ihnen so sehr ins Herz geschrieben, dass sie dabei die äußere Zeit ganz vergessen. *Wann* etwas kommt, ist ihnen nicht wichtig. Dass die Menschen dahingelangen, richtig zu leben, das ist ihr Anliegen. Und auch die Botschaft Jesu ist vollkommen darauf ausgerichtet.

Das Sprichwort, das Sie vorhin zitiert haben, beinhaltet immerhin noch die Möglichkeit, etwas nachzuholen. In dem Gedicht »Herbsttag« von Rainer Maria Rilke heißt es: »Wer jetzt kein Haus hat, baut sich keines mehr…« Da wird die Möglichkeit, dass man etwas nachholt, ausge-

schlossen, so wie in unserem Gleichnis. Der Bräutigam ruft den Törichten durch die verschlossene Tür zu: Ich kenne euch nicht, was ja wohl heißen soll: Euch habe ich unterwegs gar nicht gesehen; ich will mit euch nichts zu tun haben.

Es ist für die Ausgeschlossenen wirklich zu spät, sie stehen vor verschlossener Tür. Psychologisch gesprochen: Man versteht am Ende sich selbst nicht mehr, man hat keinen Zugang mehr zu seinem eigenen Leben; man ist resigniert, weil von allem, was man einmal tun wollte, sich nichts mehr verwirklichen lässt. So eine Bilanz des Lebens ist bitter. Die Geschichte erzählt hier von Mädchen, von jungen Frauen, aber in der Psychotherapie und in der Seelsorge erlebe ich häufig alte Menschen, die zurückblicken auf ihr Leben und die die vielen verpassten Chancen aufzählen, voller Enttäuschung und Verbitterung. Heute natürlich – mit ihrer Erkenntnis jetzt – würden sie alles anders machen. Und das ist, was Jesus bewirken möchte mit diesem Gleichnis, dass man daraus lernt, eben nicht in die Situation von Mädchen zu kommen, die später bejammern müssen, dass alles verloren ging, und die dann erkennen, dass man das Richtige hätte tun müssen zur rechten Zeit. – Jungen Leuten, heutzutage, bringt man bei, dass ihr Leben der Vorsorge zu dienen hat. Schon die 16-Jährigen sollen darüber nachdenken, was mit 65 auf sie zukommt. Und dazwischen müssen sie sich anstrengen, um die Altersrente zu verdienen. Kein Mensch kann sagen, ob das Alter überhaupt kommt, das gesichert werden soll. Richtig wäre aber, bewusst zu leben und das Leben nicht zu vertun: wachsam zu sein, gemäß den Worten Jesu, und eine »Reserveflasche« für unterwegs!

Ein jüdischer Rabbi wurde einmal von seinen Schülern gefragt, ob es wirklich so sei, wie er lehre, dass man von allen Dingen etwas lernen könne über Gott. Und um ihn in Verlegenheit zu bringen, sagten sie: »Das gilt aber doch wohl nur von den Dingen, die Gott selber gemacht hat, nicht von denen, die Menschen gemacht haben.« – »Nein«, entgegnete der Rabbi, »das gilt von allen Dingen.« – »Und was lernst du über Gott von der Eisenbahn?« fragten die Schüler. –

»Nun«, sagte der Rabbi, »von der Eisenbahn lerne ich, dass man in einer Minute alles verpassen kann.«

So ist es wirklich: Der Zug fährt irgendwann ab, und das Leben ist kein Wartesaal. Wir sind die Menschen, die im Augenblick existieren, und wie wir uns da verhalten, zeigt, was wir für Menschen sind. Es geht nicht um morgen oder übermorgen. Was wir *jetzt* machen, ist das Wesentliche. Der Vater des Existenzialismus, Søren Kierkegaard, nannte das die einzig wirklich religiöse Kategorie: der Augenblick, die Begegnungszone von Zeit und Ewigkeit.

Da wir schon Rilke und Kirkegaard angeführt haben, will ich noch den Barockdichter Andreas Gryphius zitieren mit einem Satz, der mir hier zu passen scheint: »Das Gestern ist nichts als ein Traum und das Morgen nur eine Vision; das Heute jedoch, recht gelebt, macht jedes Gestern zu einem Traum voller Glück und jedes Morgen zu einer Vision voller Hoffnung.«

So ist auch die Lehre Jesu. Dass man das Leben vertun kann, ist wirklich eine ernste Warnung. Und ich sehe im Christentum bis heute die Torheit, zu glauben, es habe alles endlos Zeit. Einer meiner Freunde war der Theologe Heinz Zahrnt, der 2003 in hohem Alter starb. Er endigt seine Lutherbiographie im Rückblick auf den ständigen Streit zwischen Katholiken und Protestanten über das wahre Christentum mit einer Erinnerung an die Gebete, die im Anfang des 2. Jahrhunderts von einer christlichen Gruppierung in der Passah-Nacht zum Himmel gerichtet wurden. Man betete damals: Es komme dein Reich, vergehen möge die Welt. Beides war für diese Gruppe ein und dasselbe. Man hoffte, dass aus den Wolken des Himmels in der Passah-Nacht Christus wiederkommen würde. Heinz Zahrnt sagt indirekt: Worauf warten wir denn? Die Ankunft des Reiches Gottes ist nicht der Sieg der Protestanten über die Katholiken oder der Katholiken über die Protestanten; es ist auch nicht der Sieg des Christentums über die anderen Religionen. Das Reich Gottes bedeutet das Ende aller Religionen und Konfessionen, so dass jeder, der das

Vaterunser betet, ob er es weiß oder nicht, mit den Worten »Dein Reich komme« im Grunde sagt: Vergehen möge jede Kirche! Die Kirche verhält sich ähnlich wie die törichten Jungfrauen; die unerbittliche Botschaft heißt auch für sie wohl längst: »Zu spät!«

Von den bösen Weingärtnern

Markus 12, 1-12

1 Und er fing an, zu ihnen in Gleichnissen zu reden: Ein Mensch
pflanzte einen Weinberg und zog einen Zaun darum und grub eine Kel-
ter und baute einen Turm und verpachtete ihn an Weingärtner und
ging außer Landes. 2 Und er sandte, als die Zeit kam, einen Knecht zu
den Weingärtnern, damit er von den Weingärtnern seinen Anteil an
den Früchten des Weinbergs hole. 3 Sie nahmen ihn aber, schlugen ihn
und schickten ihn mit leeren Händen fort. 4 Abermals sandte er zu
ihnen einen andern Knecht; dem schlugen sie auf den Kopf und
schmähten ihn. 5 Und er sandte noch einen andern, den töteten sie; und
viele andere: die einen schlugen sie, die andern töteten sie. 6 Da hatte er
noch einen, seinen geliebten Sohn; den sandte er als letzten auch zu
ihnen und sagte sich: Sie werden sich vor meinem Sohn scheuen. 7 Sie
aber, die Weingärtner, sprachen untereinander: Dies ist der Erbe;
kommt, lasst uns ihn töten, so wird das Erbe unser sein! 8 Und sie nahmen ihn und töteten ihn und warfen ihn hinaus vor den Weinberg.
9 Was wird nun der Herr des Weinbergs tun? Er wird kommen und die
Weingärtner umbringen und den Weinberg andern geben. 10 Habt ihr
denn nicht dieses Schriftwort gelesen:
»Der Stein, den die Bauleute verworfen haben, der ist zum Eckstein
geworden. 11 Vom Herrn ist das geschehen und ist ein Wunder vor
unsern Augen«?

12 *Und sie trachteten danach, ihn zu ergreifen, und fürchteten sich doch vor dem Volk; denn sie verstanden, dass er auf sie hin dies Gleichnis gesagt hatte. Und sie ließen ihn und gingen davon.*

Herr Drewermann, in den Gleichnisreden Jesu ist immer wieder – wie in der ganzen Bibel überhaupt, sowohl im Alten als auch im Neuen Testament – die Rede vom Weinberg und vom Weinstock. Worin liegt denn deren große Bedeutung, mehr im übertragenen als im tatsächlichen Sinn?

Die Bedeutung ist vielleicht gar nicht so groß, wie man vermuten könnte, aber es gibt im 5. Kapitel des Propheten Jesaja ein berühmtes Lied: »Einen Weinberg hatte mein Freund...« Und Jesaja schildert, wie dieser Freund alles tut, den Weinberg einzurichten. Er legt die Terrassierung an, er baut einen Turm darin, er versucht, den Boden zu meliorieren, kurzum: alles Erdenkliche wird getan. Dieses Lied, das man sich sehr melodisch und freudig denken muss, bricht mit einer jähen Dissonanz ab, denn der Weinbergbesitzer erntet saure Trauben. Was wird er jetzt tun, ist die Frage des Jesaja. Nun, er wird den ganzen Standort aufgeben, den Weinberg selber zerstören und ihn wüst liegen lassen, denn es war ja alles umsonst. Jesaja hat um 720 v. Chr. Erzählungen dieser Art vorgetragen, um anzukündigen, was die Assyrer machen würden, in Bälde bereits, als Strafe Gottes gegen das jüdische Volk. Die Assyrer waren zu der Zeit die schlimmste Militärmaschinerie des ganzen Orients, und auf ihren Stelen haben sie ihr Vorgehen geschildert. Im Berliner Pergamon-Museum kann man die Soldateska sehen, einer wie der andere muskelbepackt und schwer gepanzert. All das steht hinter diesem Bild der Zerstörung des Weinbergs. Und: »Der Weinberg des Herrn, das ist Israel«, so heißt es im Weinberglied des Propheten Jesaja.

Das Gleichnis von den bösen Weingärtnern findet sich im Neuen Testament bei den Synoptikern, also bei Markus, Matthäus und Lukas. Bemerkenswert ist die weitgehende Übereinstimmung der Erzählung bei allen dreien, auch wenn wir hier den Markustext zu Grunde legen.

Markus hat Jesus eine Geschichtsallegorie in den Mund gelegt, die adressiert ist an die Hohenpriester und Schriftgelehrten. Das ganze spielt in Jerusalem, und es bewegt sich auf das Finale hin. Der Todesbeschluss gegen Jesus steht längst fest, es ist nur noch eine Frage der Zeit. Es geht nun aber nicht darum, dass der Weinberg einfach unfruchtbar wäre, wie in einer Zeichenhandlung, als Jesus, während er auf Jerusalem zugeht, einen Feigenbaum sieht, der keine Früchte trägt, sondern nur Blätter. Da ist die Unfruchtbarkeit Israels als Motiv angedeutet. Hier in dem Gleichnis geht es um Schlimmeres. Der Weinberg ist den Weingärtnern in Pacht gegeben; er ist nicht ihr Eigentum. Gott hat ihnen das Gut, so muss man das Bild deuten, überlassen, und die Erträge müssen sie – jedenfalls zu einem bestimmten Teil – an Gott abführen. Genau das aber verweigern sie. Sie bilden sich ein, dass sich alles allein in ihrer Hand befände. Sie seien nicht die Pächter, sondern die Eigentümer; ihnen – den Hohenpriestern und Schriftgelehrten – stehe die ganze Religion zu, und selbstherrlich befinden sie, was Gott davon wiederzufinden hat oder nicht – nämlich gar nichts. Man kann eine Religion so haben, dass Gott dabei überhaupt keine Rolle spielt, sondern für die verfasste Religionsform ein Gegner ist, der gar keine Ansprüche zu stellen hat. Und wenn doch, dann wird man es ihm heimzahlen. Bis dahin kann es kommen.

So gedeutet, wirkt das Ganze fast wie eine Karikatur. Dabei ist unser Gleichnis von erstaunlicher Grausamkeit. Die Pachtwinzer sind kriminelle Schufte, und den vom Herrn ausgesandten Knechten widerfährt Böses: »die einen schlugen sie, die anderen töteten sie«. Dennoch schickt der Weinbergbesitzer auch noch seinen einzigen Sohn zu diesen schlimmen Leuten – ein Entschluss, den man gar nicht nachvollziehen kann!

Das ist vollkommen unverständlich, wenn man sich das als realen Vorgang denkt. Es ist wirklich eine Allegorie. Was Markus sagen will, ist: Immer wieder hat Gott seine Propheten geschickt, seine Boten, und immer wieder wurden sie verspottet, misshandelt, getötet. Und am Ende schickt er Jesus, seinen geliebten Sohn. Es gibt hier keine andere Möglichkeit als die der allegorischen Deutung. Die Handlung ist in sich absolut nicht plausibel, aber es bekommt Sinn, indem wir Sprosse für Sprosse der Strickleiter *allegorisch* interpretieren. Gott hat mit den Menschen unendliche Geduld bewiesen. Er hat immer wieder alles versucht und schließlich seinen Sohn zu ihnen gesandt. Und er hat gedacht: Spätestens jetzt werden sie doch verstehen. Ich schicke ihnen das beste, was ich überhaupt habe. Aber dann sagen sie: Das ist ja der Sohn des Besitzers. Wenn wir ihn töten, können wir das Erbe, den Weinberg, an uns bringen. Und tatsächlich ermorden sie ja den Sohn und werfen den Leichnam hinaus vor den Weinberg. Die Erzählung leitet allegorisch auf die Passionsgeschichte Jesu über, die bei Markus schon zwei Kapitel später beginnt.

Es wird in der Erzählung die rhetorische Frage gestellt, wie der Herr des Weinbergs nach dem Vorgefallenen wohl reagieren werde. Und die Antwort gibt es auch gleich: »Er wird kommen und die Weingärtner umbringen.«

Damit berühren wir ein Problem. In dieser Geschichte scheint angedeutet, dass Gott zur Rache schreitet gegenüber dem Judentum. Das sind die Anfänge eines dialogisch begründeten Antijudaismus, der in der gesamten abendländischen Kulturgeschichte eine fatale Rolle gespielt hat. Und zweitens: Man muss darauf hinweisen, dass die ganze Vorstellung von einem Gott, der in die Geschichte eingreift, aus den Theologenköpfen bis heute nicht verschwunden ist. Immer wieder glaubt man, bestimmte historische Ereignisse als Manifestation göttlichen Wirkens interpretieren zu müssen. Damit sind gleich zwei fatale Konsequenzen verbunden. Wenn man eine spektakuläre Rettung, die zum Glück der Betroffenen möglich wurde, als Eingreifen Gottes deutet, steht man sofort vor der Frage, warum Gott anderen *nicht* geholfen hat, warum er überhaupt so selten eingreift, wenn er es doch tun kann. Das Theodizee-Problem entsteht: die Unmöglichkeit, einen Gott zu begreifen, der allmächtig ist, der aber seine Macht nicht ausübt.

Viele haben sich nach 1945 die Frage gestellt, wie man überhaupt noch an einen Gott im Himmel glauben kann, wenn er beim *Holocaust*, bei der Vernichtung der Juden, nicht eingegriffen hat. Mir scheint, dass die Frage zu kurz greift. Wie viele Völker sind in der Geschichte ausgerottet worden, wie viel unglaubliches Leid haben Menschen über Menschen gebracht, wie viel entsetzliches Elend bringt die Natur ohne jede Rührung über die Menschen! Irgendein Tsunami bricht aus, wie vor einigen Jahren, und Zehntausende kommen dabei um. Es sind die Gesetze der Natur selber, die kein Mitleid kennen. Hier sollten die Theologen beginnen, über ihr Gottesbild nachzudenken. Die Vorstellung eines Gottes, der einerseits eingreift, aber unverständlicherweise nicht in Aktion tritt, wenn er es sollte, weil wir vielleicht ihn nicht genügend angefleht haben im Gebet, eine solche Vorstellung ist obsolet, weil sie so viele Enttäuschungen schafft, dass am Ende der ganze Glaube verloren geht.

Mit anderen Worten: Wir müssen das, was Markus meint, noch mal als ein Bild nehmen, um es im Sinne Jesu zu vermenschlichen, der uns ja keinen rächenden Gott bringen wollte, sondern einen vergebenden, und dass das selbstverständlich für alle Menschen gilt. Und nicht nur für die Juden, sondern eben für alle soll hörbar sein, was Lukas Jesus sagen lässt, als er am Kreuze hängt: »Vater, vergib ihnen, denn sie wissen nicht, was sie tun!« Zumindest dieses Gebet des sterbenden Jesus ist völlig unvereinbar mit einem Gott, auf den man sich berufen könnte, um Kriege als Strafmittel zu rechtfertigen. Es gibt Staatenlenker, die meinen, als Erfüllungsgehilfen Gottes zu handeln, wenn sie Kriege führen, um das Böse zu bekämpfen und das Gute zum Siege zu führen, um ihre Interessen zu wahren. Diese fundamentalistische Mythologisierung der Geschichte ist eine traurige Realität im 21. Jahrhundert, und eine Geschichte wie die von den bösen Weingärtnern wird sicher im amerikanischen »Bible Belt« mit Genugtuung aufgegriffen.

Wie passt das nun zusammen mit dem, was Jesus am Ende seiner Gleichnisrede sagt, nämlich: »Habt ihr denn nicht dieses Schriftwort gelesen: Der Stein, den die Bauleute verworfen haben, der ist zum Eckstein geworden«?

Das ist ein wunderbares Wort. Das Bibelzitat hier will sagen: Wenn ihr meint, einen Menschen verwerfen zu müssen, kann es sein, dass dieser das Wertvollste überhaupt ist, was es im Leben gibt. In der allegorischen Auslegung ist Jesus der Eckstein. Jesus ist die Grundlage für etwas ganz Neues, für ein Gebäude, das Gott an Stelle des Tempels errichten wird. Auch das spielt noch mal in die Passionsgeschichte hinein. Jesus wird beschuldigt, gesagt zu haben, er könne den Tempel niederreißen und in drei Tagen wieder aufbauen. Das heißt: Jesus selber wird durch seine Auferstehung zum Eckstein – oder zum Grundstein – für ein ganz neues Gebäude, für einen Tempel, der nicht mehr ein Ort in Jerusalem ist, sondern der von geistiger und seelischer Beschaffenheit ist.

Der Tempel als Bauwerk wurde 70 n. Chr. bei der Eroberung Jerusalems durch die Römer zerstört und von Menschenhand nie wieder aufgebaut. An den Satz vom Stein, der zum Eckstein wurde, ist bei Markus noch angehängt: »Vom Herrn ist das geschehen und ist ein Wunder vor unsern Augen.«

Geschehen ist nach allegorischer Deutung, dass die Menschen, die Jesus getötet haben, selber vernichtet wurden. Das war im Jahre 70, als Titus in Jerusalem einzog. Das Problem ist, dass die Geschichtsallegorie wieder zurückspringt in das Zeitgeschichtliche, denn geredet wird ja hier zu Zeitgenossen Jesu, zu Priestern, Ältesten und Schriftgelehrten. Und die fühlen sich am Ende auch angesprochen. Sie haben schon die ganze Zeit gemerkt, dass die Rede von ihnen ist und dass sie in den Augen Jesu als diejenigen dastehen, die ihm nach dem Leben trachten. *Gott* wird durch die Hinrichtung Jesu nicht widerlegt, sondern diejenigen, die glaubten, sie wären Gottes ganz sicher.

Vom königlichen Hochzeitsmahl

Matthäus 22,1-14

1 *Und Jesus fing an und redete abermals in Gleichnissen zu ihnen und*
sprach: 2 *Das Himmelreich gleicht einem König, der seinem Sohn die*
Hochzeit ausrichtete. 3 *Und er sandte seine Knechte aus, die Gäste zur*
Hochzeit zu laden; doch sie wollten nicht kommen. 4 *Abermals sandte er*
andere Knechte aus und sprach: Sagt den Gästen: Siehe, meine Mahlzeit
habe ich bereitet, meine Ochsen und mein Mastvieh ist geschlachtet,
und alles ist bereit; kommt zur Hochzeit! 5 *Aber sie verachteten das und*
gingen weg, einer auf seinen Acker, der andere an sein Geschäft. 6 *Einige*
aber ergriffen seine Knechte, verhöhnten und töteten sie. 7 *Da wurde der*
König zornig und schickte seine Heere aus und brachte diese Mörder
um und zündete ihre Stadt an. 8 *Dann sprach er zu seinen Knech-*
ten: Die Hochzeit ist zwar bereit, aber die Gäste waren's nicht wert.
9 *Darum geht hinaus auf die Straßen und ladet zur Hochzeit ein, wen*
ihr findet. 10 *Und die Knechte gingen auf die Straßen hinaus und*
brachten zusammen, wen sie fanden, Böse und Gute; und die Tische
wurden alle voll.

11 *Da ging der König hinein, sich die Gäste anzusehen, und sah da*
einen Menschen, der hatte kein hochzeitliches Gewand an, 12 *und*
sprach zu ihm: Freund, wie bist du hier hereingekommen und hast doch
kein hochzeitliches Gewand an? Er aber verstummte. 13 *Da sprach der*
König zu seinen Dienern: Bindet ihm die Hände und Füße und werft

ihn in die Finsternis hinaus! Da wird Heulen und Zähneklappern sein.
14 *Denn viele sind berufen, aber wenige sind auserwählt.*

Herr Drewermann, beim Hören dieses Gleichnisses drängt sich eine ganze Reihe von Fragen auf. Zunächst einmal: Die zur Hochzeit Geladenen wollen dem Ruf nicht Folge leisten. Sie waren ja bereits eingeladen, und nun sagt man ihnen: Es ist soweit, ihr könnt kommen! Und als die Knechte des Königs dann einen zweiten Anlauf unternehmen, kümmert das die Geladenen überhaupt nicht; sie gehen lieber ihren Alltagsgeschäften nach. Wie kann man sich das Verhalten dieser Leute erklären? Wie kann man das Ganze überhaupt verstehen?

Die Geschichte kann sich ganz und gar nicht so aufführen, wie sie erzählt wird. Was ist das für ein König, dessen Untertanen die Einladung zur Hochzeit des Sohnes ausschlagen und dann noch mit so merkwürdigen Ausreden. Am Ende kommt es dahin, dass die ausgesandten Knechte einfach totgeschlagen werden. Das ergrimmt den König, das kann man wohl begreifen. Er schickt deswegen seine Heere aus, vernichtet die Mörder – eine riesige Strafaktion! Und als wenn immer noch die Suppe auf der Flamme köcheln würde, erklärt er, dass das Mahl, ungeachtet all der Vorkommnisse, weitergehen soll, weshalb er erneut einladen lässt. Der Krieg gegen die Missetäter muss offensichtlich weniger als zwei Stunden gedauert haben, alles ganz unwahrscheinlich.

Wenn ich einschieben darf: Der König erklärt als Rechtfertigung für sein Tun, die Eingeladenen seien es »nicht wert« gewesen. Das scheint mir nun im Vergleich zu deren Taten und zu der drakonischen Strafe eine ziemlich arge Untertreibung zu sein.

Das ist es absolut. Und auch nach der neuen Einladung bleibt die Sache widersprüchlich. Nachdem man nämlich die Leute von der Straße herbeigeholt hat, Gute und Böse, also *alle* Arten von Menschen, wird uns dann mitgeteilt, es finde sich im Saal jemand, der keine richtige Kleidung trägt. Wo soll die denn herkommen bei dieser Art der Einladung? Der König mustert die Anwesenden, findet denjenigen heraus und bestraft ihn auf das Furchtbarste.

Aber an der Stelle könnte man zumindest einwenden, dass, obwohl ja alles sehr schnell ging, offenbar nur ein einziger kein hochzeitliches Gewand hatte, dass also die anderen entsprechend gut angezogen waren.

Überraschenderweise müssten wir denken, dass sich auf den Straßen lauter Leute in fertiger Robe für eine feierliche Veranstaltung befinden. Das ist ja alles unwirklich, und es zeigt, dass wir die Geschichte so nicht lesen können. Sie ist nicht eine Parabel, sondern sie ist, wie es bisher oft der Fall war, eine Allegorie. Wir müssen jetzt Sprosse für Sprosse die Strickleiter erklimmen, um an Bord zu kommen, um die ganze Sache wirklich zu verstehen. Wieso können wir sogar beweisen, dass es eine Allegorie ist? Das kann man, weil im 14. Kapitel des Lukas-Evangeliums die gleiche Geschichte erzählt wird, nur sehr viel einfacher, und da hat sie eine große Ähnlichkeit mit dem schon erwähnten Märchen vom reichen Prasser und dem armen Lazarus. Es ist die Geschichte, wie ein Emporkömmling, ein *homo novus*, durch die Einladung zu einem opulenten Gastmahl sich und den anderen beweisen will, in welche Gesellschaftsschicht er aufgestiegen ist oder doch zu sein glaubt. Aber die Eingeladenen geben ihm alle einen Korb und amüsieren sich hinter seinem Rücken –: Es ist keiner von ihnen gekommen.

Was Matthäus hier aus der Geschichte macht, ist eine theologiegeschichtliche Deutung des Verhältnisses zwischen Gott und Israel. Man muss jeden Punkt *einzeln* auf die Deutungs- und Bedeutungsebene übertragen. Der König, um den es hier geht, ist zweifellos der himmlische König. Mit seinem Sohn muss man die Person Jesu assoziieren. Die Hochzeit, die der König für ihn ausrichtet, ist das Kommen des Messias, wäre eigentlich die Vermählung zwischen Gott und seinem Volk in der Gestalt seines eigenen Sohnes. Bis dahin versteht man die Abfolge sehr gut. Die Knechte, die ausgesandt werden, um zur Hochzeit einzuladen, sind die Propheten, die von Gott immer wieder zu seinem Volk gesandt wurden. Aber sie haben nichts erfahren als Widerspruch, Absagen, Gleichgültigkeit und Ausreden, das übliche Prophetenschicksal. Eine neue Einladung wird ausgesprochen, und die Aggression wird noch viel heftiger: Man schlägt die Boten einfach tot. Dahinter steckt ein Motiv, das im jüdischen Denken eine große Rolle spielt: Es sind immer wieder die Gerechten, die Guten, die auf Gottes Seite stehen und die zu leiden haben an den Widerständen der anderen. Und vor diesem Hintergrund lässt sich dann auch das Schicksal Jesu deuten.

Bei dieser allegorischen Deutung bleibt ein Umstand für mich als Problem offen, dass nämlich der König – also Gottvater – die Stadt der Mörder gnadenlos vernichtet.

Besser und klarer lässt sich in einer Allegorie nicht zum Ausdruck bringen, dass Matthäus die Vernichtung der Stadt Jerusalem vor Augen hat. Jerusalem ist die Stadt der Mörder, und die Leute, die Jesus hingerichtet haben, finden jetzt ihre Strafe. Im Neuen Testament klingt das verschiedentlich an, so wenn Matthäus seinen Jesus sagen lässt: »Jerusalem, Jerusalem, das da mordet die Propheten und steinigt die zu ihm Gesandten; wie oft wollte ich deine Kinder sammeln wie eine Henne ihre Küken sammelt, doch ihr habt nicht gewollt. Jetzt aber wird kein Stein auf dem anderen bleiben.« Das heißt: Im Neuen Testament blickt man auf das Jahr 70 zurück und sieht darin eine Kollektivstrafe Gottes. Wir haben hier auch einen deutlichen Hinweis auf die Entstehungszeit des Evangeliums. Wenn mit dem Untergang der Stadt der Mörder die Vernichtung Jerusalems im Jahre 70 gemeint ist, dann muss das Matthäus-

Evangelium *danach* entstanden sein, wahrscheinlich um das Jahr 80 oder bald danach.

Dann braucht man eigentlich nur weiterzugehen. Die Leute, die nun von den Straßen weg gesammelt werden, sind nicht mehr die ursprünglich Eingeladenen; die haben ihre Chance vertan. Das heißt: Die Botschaft Jesu wird jetzt nicht mehr an die ursprüngliche Gemeinde in Judäa gerichtet, sondern man schwärmt aus zur Heidenmission. An der Stelle ist eine wichtige Gabelung im 1. Jahrhundert zwischen Synagoge und Jesusbewegung zu sehen. Nach 70 klammert sich das orthodoxe Judentum unter Leitung der pharisäischen Bewegung – Rabbi Jochanan ben Zakkai ist die Leitfigur dafür – an das Gesetz, um zu erreichen, dass das Judentum mit Hilfe des Gesetzes überlebt. Das ist der Differenzpunkt; darin ist der Unterschied zwischen einem Juden und einem Heiden in der Befolgung des Gesetzes gelegen.

Es gibt seit dem Jahre 70 keinen Tempel mehr, keine heilige Stadt mehr, kein heiliges Land. Und im 2. Jahrhundert dann, nach dem Bar-Kochba-Aufstand gegen die Römer, im Jahre 135, lässt Kaiser Hadrian sämtliche Juden aus Jerusalem ausweisen. Man hat nun ein Leben in der Diaspora zu führen. Die innere Einheit ist jetzt für die Juden das Gesetz. Die frühen Christen verstehen die Botschaft Jesu anders. Sie sagen sich: Es liegt doch in dem, was Jesus wollte, eine Menschlichkeit, die überhaupt nicht nationalspezifisch ist; es geht doch darum, dass man den Gott Israels so lebt, dass er für *alle* Menschen da ist. Paulus wird später sagen: Wer Jesus begreift, dem werden alle Unterschiede nebensächlich, ob jemand Jude oder Römer ist, ob Mann oder Frau, ob er oben oder unten steht in der Gesellschaft. Jesu Lehre gilt für alle unterschiedslos, und seine Menschlichkeit lässt weder politische, soziale, sexuelle noch sonstige Differenzierungen zu. Infolge dessen greift der Gedankenhintergrund der Evangelien zurück auf Vorstellungen, die schon in der Prophetie liegen, zum Beispiel im 2. Kapitel des Jesaja. Da wird der Berg Zion zu einem Leuchtturm, um den herum sich alle Völker sammeln. Sie werden wallfahrten zum Zionsberg wie zum Mittelpunkt der Welt.

An dieser Stelle drängt es mich, auf Jesaja 2,4 hinzuweisen, wo es heißt: »Da werden sie ihre Schwerter zu Pflugscharen umschmieden und ihre Speere zu Winzermessern.« Ein Text, auf den sich ja die Friedensbewegung der letzten Jahrzehnte immer wieder berufen hat.

Es ist, soweit ich sehe, die einzige Stelle im Alten Testament, wo der Friede nicht hervorgeht durch Machtdemonstration und Machtdurchsetzung eines Einzelnen gegen alle, sondern wo Friede wird durch eine Vision, die räumlich am Berg Zion geschieht, durch die Überzeugung aller, dass niemals mehr ein Volk gegen das andere kämpfen wird.

Um aber zu Matthäus und dem Gleichnis vom königlichen Hochzeitsmahl zurückzukommen: Matthäus liegt sehr daran, immer wieder zu sagen: Das Bekenntnis zu Jesus ist das eine, aber die Lebenswirklichkeit etwas anderes. Um das Jahr 80 herum ist das längst schon ein Problem. Es gibt eine Menge von Leuten, die sich Christen nennen, aber Matthäus lässt am Ende der Bergpredigt seinen Jesus sagen: Niemand, der lediglich zu mir sagt: Herr, Herr!, wird in das Himmelreich kommen, sondern nur, wer den Willen meines Vaters tut. Im jüdischen Denken ist nicht die dogmatische Theorie das Wichtige, sondern das, was Menschen in der Realität wirklich tun. Was Matthäus hier sagen will, ist eigentlich dies: Ihr seid im Hochzeitssaal des Königs. Aber fühlt euch jetzt nicht so sicher zu glauben, damit wäre alles getan. Die Einladung ist ergangen, ihr seid ihr gefolgt, aber niemand ist schon gerettet, weil er im Hochzeitssaal ist. Deshalb schaut darauf, wie ihr lebt und ob euer »Kleid« passend ist, sonst kann es sein, dass der »König« kommt und euch entdeckte mit einem Gewand, für das er euch hinauswirft. Und dann droht die schlimmste Strafe, nämlich in die Finsternis geworfen zu werden, wo Heulen und Zähneknirschen oder Zähneklappern herrschen. Diesen Satz mit dem »Heulen und Zähneknirschen« liebt Matthäus so, dass er ihn siebenfach in seinem Evangelium gestaltet.

Mir ist, weil es eine Typologie ist, das Psychologische daran so interessant. Ich kenne Menschen, die das sogar als Symptom haben:

Zähneknirschen während des Schlafs in der Nacht. Und wie fühlen sich Menschen, die um sich herum nur Finsternis haben, die ihr ganzes Leben verbringen wie ein langes Heulen, das niemand mehr hören will, und die vor lauter Wut mit den Zähnen knirschen? Es ist eine sich nach innen verbrauchende Zornmütigkeit, die keine Abfuhr mehr kennt. Welch ein Mensch, so muss man fragen, *will* denn schon gefesselt in der Finsternis heulen und mit den Zähnen knirschen? Aber wer Mitmenschlichkeit ignoriert und die Rufe Notleidender konstant überhört –: Wie viel an unterdrücktem Zorn (»Zähneknirschen«) und an unausgesprochenen (»heulenden«) Klagen müssen sich in dem angesammelt haben!

Ganz am Ende des Gleichnisses findet sich noch die Aussage: »Denn viele sind berufen, aber nur wenige sind auserwählt.« Was hat es damit auf sich?

Das ist wieder so ein Satz, der von den Evangelisten als *isoliertes Logion* in verschiedene Zusammenhänge eingeordnet wird. Hier bei Matthäus meint es: Das Wesentliche ist, ob du bei denen bist, die Gott erwählen kann. Gnade Gottes ist das eine, und »Gnädigkeit« im Umgang miteinander das andere. Beides hängt zusammen und der einzige Maßstab des menschlichen Lebens im Sinne Jesu liegt in der Menschlichkeit selber. Nicht ob und warum ein Mensch in eine weltjenseitige Hölle verstoßen wird, ist das Problem, sondern welch ein armer Teufel er hier auf Erden wohl sein muss, wenn er sein Leben in einer Hölle der Unmenschlichkeit zubringt.

Mir fällt zum Schluss noch ein – ich hätte es schon an früherer Stelle bringen müssen –, dass derjenige, der kein hochzeitliches Gewand trägt, vom König jovial und drohend zugleich angeredet wird: Mein Freund, wie bist du denn hier hereingekommen? Aber ich will noch mehr darauf hinaus, dass es von dem Eingeladenen, der kein hochzeitliches Gewand trägt, im Text heißt: Er aber verstummte.

Die Anrede »mein Lieber« oder »mein Freund« kennen wir ja schon aus dem Munde des Weinbergbesitzers im Gleichnis von den Arbeitern im Weinberg. Man redet den Geladenen an und stellt ihn gleichzeitig außer Recht und Anspruch. Auf der anderen Seite ist dies *Verstummen* für mich ein sehr wichtiges Wort. Es gibt eine Reihe von Erzählungen in den Evangelien, in denen Jesus Menschen heilt, die stumm sind. Die Not von Menschen, denen man verboten hat, sich mitzuteilen, die nie etwas zu sagen hatten in ihrem Leben, denen man buchstäblich alle Begriffe aus dem Mund gestohlen hat, die Not solcher Menschen ist riesengroß. Und mich hat seit Kindertagen diese Stelle immer wieder erschrocken, wenn ich sie hörte. Ich dachte: Wie kann denn das sein? Ich habe es nicht verstanden, bis mir viel später klar wurde, dass es sich hier in der angegebenen Weise um eine Allegorie handelt, in der Matthäus eine Mahnung ausspricht für die Kirche. Ich gäbe viel darum, man könnte die Geschichte noch einmal anders erzählen: Der König hätte schon an der Garderobe für all die Leute, die den Hochzeitssaal füllen sollen, die entsprechenden Gewänder verteilen lassen, womöglich mit vorherigem Fußbad, um sich vom Staub der Straße zu befreien. Und wenn jemand das so nicht befolgt hätte, wäre er noch mal zum Eingang zurückgeschickt worden, um es in Ordnung zu bringen. Im Grunde glaube ich, dass es sich bei Gott auch so verhält. Wir werden, symbolisch gesprochen, nie das richtige Kleid tragen, wenn Gott es uns nicht schenkt. Es gibt in der Apokalypse die Vorstellung von hundertvierundvierzigtausend Gerechten, die erwählt sind; die alle haben weiße Gewänder an. Aber was wir in dieser Bildersprache für Gewänder tragen, ist ganz und gar gebunden an die Gnade, mit der Gott uns umhüllt, und das sind seine Augen, die Art, wie er uns betrachtet.

Vom Weltgericht

Matthäus 25, 31-46

*31 Wenn aber der Menschensohn kommen wird in seiner Herrlichkeit,
und alle Engel mit ihm, dann wird er sitzen auf dem Thron seiner
Herrlichkeit, 32 und alle Völker werden vor ihm versammelt werden.
Und er wird sie voneinander scheiden, wie ein Hirt die Schafe von den
Böcken scheidet, 33 und wird die Schafe zu seiner Rechten stellen und
die Böcke zur Linken. 34 Da wird dann der König sagen zu denen zu
seiner Rechten: Kommt her, ihr Gesegneten meines Vaters, ererbt das
Reich, das euch bereitet ist von Anbeginn der Welt! 35 Denn ich bin
hungrig gewesen, und ihr habt mir zu essen gegeben. Ich bin durstig
gewesen, und ihr habt mir zu trinken gegeben. Ich bin ein Fremder
gewesen, und ihr habt mich aufgenommen. 36 Ich bin nackt gewesen,
und ihr habt mich gekleidet. Ich bin krank gewesen, und ihr habt mich
besucht. Ich bin im Gefängnis gewesen, und ihr seid zu mir gekommen.
37 Dann werden ihm die Gerechten antworten und sagen: Herr, wann
haben wir dich hungrig gesehen und haben dir zu essen gegeben? oder
durstig und haben dir zu trinken gegeben? 38 Wann haben wir dich als
Fremden gesehen und haben dich aufgenommen? oder nackt und
haben dich gekleidet? 39 Wann haben wir dich krank oder im Gefängnis gesehen und sind zu dir gekommen? 40 Und der König wird antworten und zu ihnen sagen: Wahrlich, ich sage euch: Was ihr getan habt
einem von diesen meinen geringsten Brüdern, das habt ihr mir getan.*

*41 Dann wird er auch sagen zu denen zur Linken: Geht weg von mir, ihr
Verfluchten, in das ewige Feuer, das bereitet ist dem Teufel und seinen
Engeln! 42 Denn ich bin hungrig gewesen, und ihr habt mir nicht zu
essen gegeben. Ich bin durstig gewesen, und ihr habt mir nicht zu trinken gegeben. 43 Ich bin ein Fremder gewesen, und ihr habt mich nicht
aufgenommen. Ich bin nackt gewesen, und ihr habt mich nicht gekleidet. Ich bin krank und im Gefängnis gewesen, und ihr habt mich nicht
besucht. 44 Dann werden sie ihm auch antworten und sagen: Herr,
wann haben wir dich hungrig oder durstig gesehen oder als Fremden
oder nackt oder krank oder im Gefängnis und haben dir nicht gedient?
45 Dann wird er ihnen antworten und sagen: Wahrlich, ich sage euch:
Was ihr nicht getan habt einem von diesen Geringsten, das habt ihr mir
auch nicht getan. 46 Und sie werden hingehen: diese zur ewigen Strafe,
aber die Gerechten in das ewige Leben.*

Herr Drewermann, das Gleichnis vom Weltgericht – so es denn ein Gleichnis ist – stellt sich in meinen Augen dar als eine Vision. Und was in ihr gesehen wird, ist das Ende der Tage, das Jüngste Gericht, mit dem »Thron seiner Herrlichkeit«, den Gerechten und den Ungerechten, voneinander geschieden wie die Schafe von den Böcken, zur Rechten und zur Linken. Beim Lesen dieser Vision habe ich als erstes ein Verständnisproblem mit den Begriffen Menschensohn, König und Herr.

Es ist keine echte Vision, aber es gibt schon in der Einleitung einiges, das sehr bemerkenswert ist. Das Gericht über das Ende der Welt liegt hier nicht in den Händen Gottes, sondern es wird dem *Menschensohn* überlassen. Das ist ein Gedanke, der schon im Buche Daniel auftaucht. Es wird am Ende der Tage der Menschensohn kommen. Noch steht er am Throne Gottes, aber vor der Krise der Endzeit wird er die Menschen lehren, den Weg Gottes zu finden. Auf eine merkwürdige Art hat Jesus sich zu diesem Menschensohn in Beziehung gesetzt, nach manchen Worten sogar mit ihm identifiziert. Man muss das ein wenig erläutern. Der Menschensohn ist – von Daniel herkommend – eine apokalyptische Heilsgestalt. Auf der anderen Seite kann der Ausdruck Menschensohn auch einfach den Menschen umschreiben, das Menschenkind oder das Menschlein, und meint dann vor allem den Menschen in seiner Bedürftigkeit. Beide Begriffe schwingen ineinander. Und so glaube ich, dass man die mythische Vorstellung, die Vision – wie Sie sagen –, in den apokalyptischen Texten einfach damit wiedergeben kann, dass es endgültig nur eine einzige Frage an uns gibt, nämlich wie viel an *Menschlichkeit* wir in unserem Leben haben Wirklichkeit werden lassen, denn der Menschensohn ist die personifizierte Form der Menschlichkeit. Und Jesus hat mehrfach gesagt in den Evangelien: So wie ihr euch zu mir verhaltet, wird sich später der Menschensohn zu euch verhalten. Nach seinem Tode gibt es im Neuen Testament ganze Schichten, die Jesus, den »Herrn«, mit dem Menschensohn sogar für identisch erklären. Hier geht das ineinander auf die einfachste Weise. Gott delegiert seine Richtergewalt an den Menschensohn, das heißt an Jesus, den König, den Herrn. Und dieses Gericht gilt allen Völkern, der ganzen Menschheit. Die Menschlichkeit selber wird universell geprüft.

Nun müsste man denken, es hätte die hegelianische Geschichtsphilosophie ihre Bestätigung gefunden: »Die Weltgeschichte ist das Weltgericht« – in dem Sinne, dass die innere Vernunft, die Logik der Geschichte von allein auf das Reich Gottes, auf die Ankunft des Königtums Gottes hinauslaufen würde, und man könnte die Theologie gewissermaßen transformieren in eine Geschichtsphilosophie von der in langsamen Schritten voranschreitenden Vernunft. Mir scheint es sehr wichtig, diesen Glauben für trügerisch zu halten. Denn was Hegel im Grunde vor 180 Jahren die Menschheit lehren wollte, war, dass man von der Person Gottes als einem Jenseits der menschlichen Welt gar nicht mehr reden sollte. Maßstab sei die Geschichte selber, die menschliche Gesellschaft. Der Marxismus hat das völlig richtig begriffen und aus dem ganzen idealistischen Theorem herausgelesen. Wäre es die Menschheit, die über uns entscheidet, wären wir ihr ausgeliefert. Es gäbe kein gültiges Urteil, sondern die Schwankungen der Geschichte selber würden immer wieder sich verschiebende Maßstäbe anbieten. Wir wären restlos angewiesen auf die Deutungskompetenz anderer Menschen, die genauso fehlbar sind wie wir selber. Die ganze Hoffnung liegt deswegen darin, dass es ein *Jenseits* der menschlichen Geschichte gibt, das Verbindlichkeitsanspruch hat gegenüber der gesamten Menschheit.

Was auffällt ist, dass dieses Gleichnis ganz symmetrisch gebaut ist. Zuerst wendet sich der Weltenrichter an die Gesegneten, dann die Verfluchten, und er preist, was ihm an Gutem erwiesen wurde, und dann zählt er auf, was ihm an guten Werken vorenthalten wurde.

Es geht wirklich symmetrisch zu im Aufbau der Erzählung, sogar räumlich zwischen links und rechts. Und in dieser antithetischen Symmetrie wird eine Alternative formuliert: Entweder man hat menschlich gelebt oder man hat un-menschlich gelebt. Dabei ist das, was für *menschlich* zu halten ist, keineswegs ein Sondereinfall im Judentum gewesen. In den Vorstellungen, was man tun muss, um der Not von Menschen hilfreich gegenüberzutreten, ist eine schriftlich fixierte Tradition aus dem alten Ägypten verarbeitet. Der Gott Amun tritt dort auf als Hüter und Helfer der Waisen und der Witwen. Und er verlangt im Totengericht lauter Erklärungen, ob gute Taten erwiesen wurden: Ich habe den Hungernden Brot gegeben; ich habe dem Schiffslosen meinen Nachen zur Verfügung gestellt und so weiter. Die Werke der leiblichen Barmherzigkeit, wie man sie auch nennt, sind einfache Evidenzen des Mitgefühls, die hier zusammenfassend formuliert werden, um einen Maßstab zu gewinnen, wer wir denn vor Gottes Augen sind. Wir haben etwa im Gleichnis vom barmherzigen Samariter oder auch in den Allegorien von den Weinbergbesitzern uns Rechenschaft darüber gegeben, dass man Gott und Menschlichkeit, Frömmigkeit und Religiosität wie Gegenbegriffe handhaben kann, so dass man am Ende glaubt, Gott um so mehr zu dienen, als man über die Seele eines Menschen mit Füßen hinweggeht. Es ist aber so, dass diese Begriffe eine Einheit darstellen. Der Menschensohn, dem Gott das Gericht in die Hand gegeben hat, erscheint selber in all den Notleidenden. Die Geschichte vom Samariter wird hier noch mal umfassend bestätigt: Gott ist einzig dort zu finden, wo ein Mensch die Not eines anderen erkennt und auf ihn zugeht: hilfreich und entschlossen, so gut es irgend möglich ist. Die Frage, die an uns gerichtet wird, nicht erst im Angesicht des Todes, sondern mitten im Leben, heißt: Wie verhalten wir uns denn? All die skizzierte Armseligkeit von Menschen an unserer Seite besteht uneingeschränkt bis heute. »Ich war hungrig« kann man ja nicht lesen, ohne den Hilfeschrei von Millionen Menschen zu vernehmen, die jedes Jahr auf dieser Erde sterben, direkt an den Folgen des Hungers, vor allem in der sogenannten Dritten Welt. Und was machen wir mit den Menschen, die hungrig sind, auf *unseren* Straßen? Wir schaffen die Bettler aus den Stadtinnenzonen einfach fort. Wir wollen sie nicht sehen, aber damit vertreiben wir Gott aus unserer Nähe. Wir können Kirchen bauen, wir können Altäre vergolden, wir können lauter wunderbare Dinge treiben, es hat mit Gott aber nichts zu tun, wenn wir dabei nicht menschlich leben.

Neben dem Hunger, durch den Menschen bedroht sind, wird sich wohl in den kommenden Jahrzehnten das Trinkwasserproblem dramatisch verschärfen, und zwar weltweit. An die »Verfluchten« gerichtet, heißt es in unserem Text: »Ich bin durstig gewesen, und ihr habt mir nicht zu trinken gegeben.«

Der Rohstoff Wasser wird für die Menschheit von morgen eine ungeheure Bedeutung haben. Wir sind heute schon verrückt genug, dass wir zum Beispiel beim Bau des Habuba-Kabira-Staudamms im Grenzgebiet zwischen Irak und dem Nato-Staat Türkei unserem Bündnispartner große Rechte einräumen. Das führt dahin, dass ganze Teile in Syrien dabei sind zu versalzen, und die Syrer müssen die Wassertransporte bezahlen und den Türken das Wasser abkaufen, das – um es zu speichern – den Syrern als erstes weggenommen wird. Wir werden demnächst erleben, dass allein der Anbau von Zitrusfrüchten und Gemüse in Spanien in gigantischen Bewässerungsanlagen dahin führen wird, dass die Spanier Wasser importieren müssen. Wie es aussieht zwischen Israelis und Arabern im »Gelobten Land« muss man gar nicht erwähnen. Das Wasser wird aus dem See Genezareth in großen Mengen herausgepumpt, eigentlich aus allen den Israelis zugänglichen Wasserreservoirs, und den Arabern weggenommen. Wir haben auf jedem amerikanischen Flugzeugträger Meerwasserentsalzungsanlagen, wir haben auf Helgoland entsprechende Verfahren nach dem Osmoseprinzip der Pflanzen organisiert. Noch ist das auf diese Weise gewonnene Trinkwasser ein bisschen zu teuer, aber für die Menschheit von morgen wird die Frage nach Trinkwasser lebensentscheidend sein.

Am meisten aber bin ich betroffen von dem Wort: »Ich bin ein Fremder gewesen und ihr habt mich nicht aufgenommen.« Es gibt eine Art von Gastfreundlichkeit, die überall zu finden ist. Man kann in einer fremden Stadt jemanden nach dem Weg fragen, selbst wenn man sieht, dass er es eilig hat –: Er wird einem wahrscheinlich gerne Auskunft geben. Eine gewisse Rücksichtnahme Fremden gegenüber war in der Kulturgeschichte eine Überlebensstrategie und wird noch heute wie selbstverständlich gehandhabt. Das ist das eine. Das andere ist: Es kommen Fremde zu uns, und wir behandeln sie wirklich wie Fremde. Ich wundere mich, wie Politiker imstande sind, eine Frau mit einem Kind auf dem Arm, nur weil es Schwarze sind, dabei wunderschön von Gesicht und Gestalt, loswerden zu wollen, statt auf die Idee zu kommen, sie hätten uns mit ihrem Anderssein etwas Bereicherndes mitzuteilen und zu schenken. Scheinbar können wir ohne Verluste Fremde beseitigen. Wie wäre denn unsere Antwort heute auf die Vorhaltung des Weltenrichters? Wir haben die Gesetze und Verwaltungsvorschriften erfüllt und Fremde abgeschoben. Punkt. Wir haben im Jahr 2007 sechstausend Menschen, die nach Europa kommen wollten, im Mittelmeer ersaufen lassen. Schon zuvor war gegen den Vorsitzenden der Hilfsorganisation »Cap Anamur« ein Prozess eröffnet worden, weil die Besatzung des Schiffes im Jahr 2004 siebenunddreißig Schwarzafrikaner aus dem Mittelmeer gefischt hatte, um ihnen das Leben zu retten. Und was hat man in Deutschland getan? Der Kapitän der »Cap Anamur«, so hieß es, sei ein Mann, der sich nur wichtig mache, und die amtliche Ausländerpolitik der deutschen Regierung werde durch die Eigenmächtigkeit der Hilfsorganisation unterminiert. Das internationale Seerecht gebietet es nun aber, dass man Menschen hilft, die in Seenot geraten. Wenn es aber »nur« Schwarzafrikaner sind, muss man wohl an ihnen vorbeisehen, damit man nicht wegen organisierten Menschenhandels angeklagt wird. – Aber selbst das ist noch zu steigern: Im Jahr 2007 wurde europaweit eine Vielzahl von »Spezialeingreiftruppen« aufgestellt, damit sie die Leute im Mittelmeer abfangen, so dass sie gar nicht erst bis zur Insel Lampedusa kommen. Inzwischen gibt es eine Privatarmee, Frontec geheißen, deren Sitz in Warschau ist, die aber von Deutschland aus europaweit operiert, um »Illegale« abzufangen.

Bleiben wir noch im zweiten Teil des Gleichnisses: »Ich war nackt und ihr habt mich nicht bekleidet.« »Nackt« muss sich nicht unbedingt beziehen auf Leute, die nichts anzuziehen haben, es bezieht noch mehr auf die Menschen, die wir bloßstellen, ausziehen, um sie zu prostituieren, um andere oder uns selber in alle möglichen Stimmungen zu bringen, bloß um Sensationsgier oder Geilheit zu befriedigen. Aber möglich wäre auch das Gegenteil: dass wir nämlich Scham- und Schutzzonen um Menschen errichten, die unserer Optik gnadenlos ausgeliefert sind, zum Beispiel durch die »Paparazzi«, Leute, die überhaupt nicht genug hinterhersteigen können, um etwas zu erhaschen, möglichst unter den Kleidern. Wie müsste man einen Menschen anschauen, dass er sich in seiner Schönheit nicht bloßgestellt fühlt, sondern gewissermaßen umkleidet wie mit dem Mantel Salomos? Wie schaut man jemanden an, dass er seine Ehre und seine Würde bewahrt? Wie begegnet man einem andern mit Sensibilität? Das ist kein bloßer Körperzustand, sondern eine Begegnungsform, die den anderen in der Liebe einhüllt, schöner und wärmer als in jegliches Gewand.

Des Weiteren heißt es: »Ich war krank, und ihr habt mich nicht besucht.« Das lässt sich sofort auf unser Krankenkassenwesen und unsere Gesundheitspolitik beziehen. In Amerika haben wir längst den Zustand, dass der Besuch in einer Arztpraxis und die Aufnahme in einem Krankenhaus sich nur legitimieren lassen mit der Kreditkarte einer Bank. Dass die Reichen länger leben als die Armen, hat sich längst herumgesprochen. Dass wir nun den amerikanischen Verhältnissen nachstreben, dass wir in dem Kranken nur noch einen Kostenfaktor sehen, nicht mehr einen Menschen, der Hilfe braucht, setzt zwei Transformationen voraus: Dass es die Hilfe von Mensch zu Mensch eigentlich gar nicht mehr gibt, sie ist delegiert worden an die Fachkräfte, und zum zweiten, dass sie reserviert wird für die Finanzkräftigen. Dies alles sind Verschiebungen, die in der Eindringlichkeit und Einfachheit des Textes, wie er hier seit zweitausend Jahren steht – seit viertausend Jahren, wenn wir die alten Ägypter hinzurechnen –, die heutige Wirklichkeit als skandalös erscheinen lässt.

Die von Ihnen angeführten Beispiele finde ich plausibel und auch in der von Ihnen dargelegten Weise nachvollziehbar. Ein Problem habe ich jedoch mit der Stelle, wo von den Gefangenen die Rede ist, also dem Vorhalt des Weltenrichters: »Ich war im Gefängnis, und ihr seid nicht zu mir gekommen.«

Verstehen darf man darunter vor allem die sogenannten Kriegsgefangenen. Es ist ein Anspruchsrecht geblieben, dass eine kriegsführende Nation, die auf der Gegenseite Gefangene macht, diese inhaftieren und in Zwangsarbeit nehmen kann als Arbeitssklaven. Das war noch die Praxis im »Dritten Reich«, das ist vielfach bis heute so. Man will dem Gegner möglichst viele Männer wegnehmen und sie für die eigene Kriegsführung umprägen. Man muss bedenken, dass die antike Stadtkultur, die damals herrschte, samt und sonders auf Sklaverei basierte. Und das Hauptreservoir zur Beschaffung von Sklaven war der Krieg. Man überzog andere Städte oder Länder mit militärischer Gewalt, und die Opfer wurden augenblicklich für die eigene Wirtschaft in Dienst genommen. Grad so ist es heute nicht mehr, aber natürlich werden Kriege um Rohstoffe und Wirtschaftsressourcen geführt, und Menschen werden *mittelbar* in Sklaverei und Abhängigkeit genommen, wie Gefangene. Wir nennen das heute Billigstlohnländer, wir nennen das Auslagerung von Arbeitsplätzen dahin, wo es uns rentabel ist. Wir ruinieren ganze Landstriche und wir zerstören die natürlichen Ressourcen dieser Länder.

Dann geht es um die Leute, die wegen irgendeines Vergehens inhaftiert wurden, nach den bestehenden Gesetzen Schuldige – oder vielleicht auch Unschuldige. Man muss mal in Erinnerung bringen die Zustände in dem amerikanischen Lager Guantanamo oder die Lügen der CIA. Über zehntausend Personen, so schätzt man, wurden vom amerikanischen Geheimdienst in alle Welt transportiert, mit

Wissen der zuständigen Regierungen, zu Gefangenenlagern wie in Bagram, Taschkent, Kairo, Amman und anderswo. »Ich war im Gefängnis, und was habt ihr getan?« Dafür gesorgt, dass die Folter gründlich griff? Und warum seid ihr gekommen? Vielleicht nur, um die Verhöre in Erfahrung zu bringen? Man schiebe diesen wichtigen Punkt aus Mt 25,36 oder 25,43 einmal nicht einfach weg an Amnesty International oder an andere Gefangenenhilfsorganisationen, sondern man greife deren Arbeit auf als einen Impuls, die Bibel *verbindlich* zu lesen.

Mir liegt daran, noch auf eine andere Ebene des Verständnisses hinzuweisen: Man kann, wie fast alles in der antiken Literatur, das in »äußerlicher« Sprache redet, verinnerlichen, muss es oft sogar tun, damit es seinen Sinn behält. Gehen wir die Bilder noch mal durch, dann wissen wir sofort, dass es Hunger nicht nur gibt nach Brot, sondern auch nach Liebe. Es ist ein Satz, den im Matthäus-Evangelium im 4. Kapitel Jesus sogar dem »Teufel« sagt: Der Mensch lebt nicht vom Brot allein, sondern vom Worte Gottes, von dem, was ihm Sinnerfüllung und menschliche Begegnung bedeuten. Diesen Hunger zu stillen, ist ein ungeheures Desiderat, genauso den Durst. Was die Fremden angeht, so weiß ich, dass viele von ihnen sich bei uns auch fremd *fühlen*. Sie sprechen die deutsche Sprache, aber sie sind ausgegrenzt – und sie empfinden das auch so. Oft geht das bis in den Umgang mit sich selbst hinein. Man hat ihnen die Empfindungen gestohlen oder sie unter Schuldverdacht gestellt. Ihre Seele ist wie in einer Volière eingezwängt, aus der sie nicht ins Freie kann.

Dass wir bei Krankheiten nicht nur an körperliche Gebrechen zu denken haben, versteht sich von alleine. Krankheit entsteht häufig aus der Seele, aus dem, was wir neurotisch nennen oder psychoneurotisch. Dann ist die Frage, wie wir mit den Ängsten, mit den Schuldgefühlen, mit den Verdrängungen in der Seele eines Menschen umgehen, so dass sie einheitlicher und identischer mit sich selber leben können. – Und die Frage, was wir mit den »Gefangenen« machen? Es gibt so viele, die in sich selber gefangen sind, die sich seelisch in einem Zustand befinden, in dem sie permanent verbarrikadiert sind vor den anderen. Man muss oft lange vor den Türen solch eines Gefangenen stehen, bis dass der Eingesperrte merkt, dass man nichts Böses gegen ihn im Schilde führt. All das entscheidet über die Menschlichkeit und zugleich darüber, ob wir Gott gefunden haben oder nicht.

Was dann noch zu überlegen bleibt, ist diese *Bipolarität*, die bis ins Unendliche zu gehen scheint, zwischen Gott und dem Teufel. Es gibt kaum eine gotische Kathedrale, die nicht im Tympanon eines Portals das Jüngste Gericht beschwören würde: Auf der linken Seite werden die Geretteten, die Guten, von den Engeln des Himmels mit Kleidern ausgestattet und ins Paradies geleitet, und auf der anderen Seite, nackt und hilflos, werden die Verfluchten von peinigenden Dämonen hineingetrieben in den Höllenrachen. Mit diesen Bildern arbeitet das Mittelalter, arbeitet Dante, und wieder geht es mehr oder weniger zurück auf altägyptische Vorstellungen. Kulturgeschichtlich fließt von dort ein breiter Strom über die Griechen und die Römer, Vergil, bis ins späte Mittelalter und die christlichen Kirchen.

Die Lehre der katholischen Kirche sagt ausdrücklich, dass es eine Hölle gibt und dass sie ewig dauert. Die Seelen derer, die im Stande der Todsünde sterben, kommen sogleich nach dem Tode in die Unterwelt, wo sie die Qualen der Hölle erleiden müssen, das ewige Feuer. So jedenfalls steht es geschrieben in der 2003 erschienenen Neuausgabe des Katechismus.

Ich glaube nicht, dass Lazarus und Abraham (in dem Gleichnis bei Lukas im 16. Kapitel) sich im Himmel wohl gefühlt haben, solange sie mit ansehen mussten, wie jemand in der Hölle hockt, wo er Qual und Pein erleidet. Es ist kein erträglicher Standpunkt, Wohlgefühl zu luxurieren und gleichzeitig mit anzuschauen, wie andere leiden. Es ist ein kirchlicher Ungedanke, den man aus solchen Gleichnissen herausliest, weil er im Grunde im Widerspruch zur ganzen Botschaft Jesu und ihrer Sinnrichtung steht. Jesus hat in mythologischen Bildern gedacht. Er schaute sich um und er fand, dass die Menschen sich auf Erden die Hölle selber bereiten. Die kirchliche Überlieferung besagt, Jesus sei in der Zeit zwischen Karfreitag und Ostern »hinabgestiegen in die Hölle«. Gemeint war damit: Er stieg hinab, um die Erlösung zu verkünden. Aber schon vor seinem Kreuzestod wollte er den »armen Teufeln«, die wir alle sind, beistehen, um uns aus der Hölle der Mitleidlosigkeit, der Hartherzigkeit, des Missverstehens und der Angst, des einengenden Egoismus und der anhaltenden Egozentrik herauszuholen.

Ich möchte in Bezug auf die indirekt behauptete Nichtexistenz der Hölle diesen Gedanken noch mal für mich formulieren, und zwar in einer rhetorischen Frage, nämlich: Wie könnte denn auch jemand im Himmel glücklich sein, wenn er wüsste oder sogar mitansehen müsste, dass von ihm geliebte Menschen – Ehefrau oder Ehemann, die Kinder, die Eltern – in die Hölle verdammt wären, verurteilt zu den Qualen des ewigen Feuers! Meine tatsächliche Frage aber heißt: Wenn es keine Hölle gibt, dann gibt es wahrscheinlich auch keinen Himmel, und wenn es weder Himmel noch Hölle gibt, was ist dann nach dem Tode überhaupt?

Ich bin nicht der Meinung, dass mit der Aufhebung der Hölle auch der Himmel verschwindet müsste, gerade umgekehrt: Unter dem Himmel verstehe ich einen Zustand vollkommener Harmonie und Integration. Deshalb gehört es wesentlich zum Himmel, dass es keine Hölle gibt. Man kann nur glücklich sein, wo nicht länger gelitten wird; man kann sich nur wirklich freuen, wenn niemand ausgeschlossen ist. Das heißt: Es darf deshalb keine Hölle geben, damit es den Himmel gibt!

Ich möchte dem Gesagten noch ein paar Gedanken hinzufügen. Auf dem Weg zum Himmel ist für uns alle, denke ich, ein langer Weg der Reifung zu beschreiten. Ich stelle mir vor, dass wir im Tode der Macht begegnen, die gemocht hat, dass es uns auf Erden überhaupt gab. Und darin erkennen wir auch, wie weit wir von dem Bild, das Gott von uns hatte, abgewichen sind. Wir können, gerade wenn wir begreifen, wie wir hätten leben sollen und was Liebe wirklich ist, nur mit Schmerz und Kummer auf das blicken, was wir oft getan oder unterlassen haben. Dann kommen wir uns selber und Gott immer näher, auch all den Menschen, die mit unserem irdischen Dasein verbunden waren. So hängen wir Menschen zusammen, und mir scheint das ein gutes Bild zu sein, sich vorzustellen, wie es endgültig überhaupt sein wird.

Ich muss das jetzt noch mal fragen, den Theologen Drewermann, und ich hoffe, dass Sie meine Frage so akzeptieren können. Ist es so, dass man sagen kann: Es gibt ein Leben nach dem Tode, aber es gibt keine Hölle, sondern es gibt einen Zustand, der vergleichbar dem Himmel ist, und dieser wird – wie auch immer – alle Menschen umfassen?

Ich stelle mir unter dem Bild des Himmels vor, dass wir aneinander reifen in der Liebe und uns darin wiederfinden. Alle. Ich glaube unbedingt, dass es ein Leben nach dem Tode gibt. Die Rechnung über unser Leben geht niemals auf im Diesseits; der Maßstab für das, was wir wert sind, kann nie die menschliche Geschichte sein. Nach den paar Jahrzehnten schattenverwirrter irdischer Existenz müssen wir am Ende erkennen können, wofür das alles gut war. Ich bin sogar der Meinung, darauf hätten wir einen Anspruch, und denke mit Immanuel Kant, wir seien völlig außerstande, auch nur die Begriffe der Moral zu lernen, wenn wir diese Perspektive nicht hätten. Kant hat sich bekanntlich so ausgedrückt, dass wir die Unsterblichkeit der Seele postulieren müssen als subjektive Bedingung für die Erfüllung des Sittengesetzes.

Für mich bleibt zum Schluss noch die Frage, ob die Hölle, wie sie im Gleichnis vom Weltgericht und in Darstellungen des Mittelalters gezeichnet ist, für uns irgendeine Relevanz hat.

Es ist so wie bei den griechischen Tragödien. Sie werden gespielt, damit im entscheidenden Punkt, in der Katastrophe, beim Zuschauer eine gegenteilige Reaktion ausgelöst wird und es zur Katharsis, zur

»Reinigung«, kommt. Es ist kein Billardspiel: Man spielt nicht nach links, damit die Kugel dann nach rechts läuft, es ist keine Mechanik. Aber es wird in letzter Konsequenz dem Hörer oder Leser die Frage gestellt: Willst du zu den Böcken gehören, die in die Feuerhölle geworfen werden? Jemand, der begreift, dass es so kommen könnte, wird alles tun, um das zu vermeiden. Und das ist letztlich der Sinn dieses Gleichnisses: Es spricht von der Hölle, um sie aufzuheben.

Eugen Drewermann
An den Grenzen der Medizin
Märchen von Heilung und Hoffnung
150 Seiten
ISBN 978-3-491-21005-9

Das Verhältnis von Arzt, Patient und Tod ist Thema dieses Buches, das Eugen Drewermann anhand der drei Grimm'schen Märchen *Der Herr Gevatter, Der Gevatter Tod* und *Fundevogel* vertieft. Darin werden Krankheit, Sterben und Tod in ihrer Bedeutung für das menschliche Leben symbolisch entfaltet und verdichtet.
Ärzte müssen ihre Grenzen kennen, sie müssen erkennen können, wo der Tod steht, ob noch im Hintergrund oder bereits an der Schwelle, wo jeder Eingriff und jede Medizin versagen. Dann kann Hilfe nur noch darin bestehen, zu der Einsicht zu verhelfen, dass nach dieser Schwelle ein neues Leben beginnt. Ein wichtiges, hoffnungsvolles Buch für jeden, der mit dem Sterben konfrontiert ist.

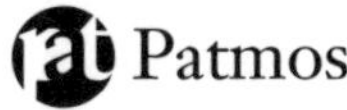